酒店 *Hotel*

Market Analysis and Industry Management

市场分析与行业管理

陈雪羽◎著

中国旅游出版社

本书前期编辑过程得到尤晓军、戴培仁、唐永勤、胡晓兰、李根诸友支持，特此铭谢！

作者介绍

陈雪羽，中欧国际工商学院 1998 届 EMBA 毕业，高级工商管理硕士。2000 年进上海市旅游委，担任旅游市场管理处的领导工作，负责饭店行业管理和旅游饭店的星级评定。2008 年 8 月到 2010 年期间，借调到上海世博局，负责世博旅游和票务中心工作。2011 年 1 月回到上海市旅游局。2012 年 6 月后在上海市旅游行业协会任秘书长。

多年来，陈雪羽结合行管工作实践对饭店业进行深入研究，在诸多方面提出了独到见解和理论创新，被原国家旅游局有关领导称为"创造理论的人"。如在宏观市场管理方面，提出了平均出租率合理区间的观点（《上海酒店市场发展的现状、趋势与应对政策》《现代上海饭店业发展趋势》）、客源结构与供求关系双重作用下平均房价形成机制的观点（《2009—2010 上海酒店市场分析预测》）、要在市场驱动下合理调控供求量比的观点和酒店业健康发展要坚持"适量发展、适度集聚、适配环境、适用标准"，即所谓"四适"原则的观点（《在市场驱动下合理调控　促进酒店业健康发展》）；并以此分析上海酒店市场，每年撰写市场分析文章，在业内深受欢迎。在对国际酒店集团的认知方面，率先提出国际品牌酒店的概念，强调其不等于外资酒店，需厘清两者异同，纠正概念误导（《饭店业重组之我见》）；提出辨析国际品牌酒店集团的四条标准和国际品牌酒店在中国的七种具体模式，供本地业主了解和选择（《上海酒店市场中的国际品牌酒店》）。此外还援引一些国际品牌或国际酒店集团案例，总结其好的做法和特点供业内参考（《美国万豪集团考察报告》《快速崛起的东南亚系热带雨林度假酒店集团》）。在品质提升和质量管理方面，提出应在标准化基础上注重特色经营差异发展（《饭店品质建设》《酒店业的特色经营之路》）；兼用标准尺度和游客视角进行双重评估（《关注游客视角　提升服务质量》）；在收益优化方面，提出不应满足于以 RevPAR 为衡量标准，应以 RevPAR、GOP率、GOPPAR 三指标的联动增长为导向实现酒店效益最优化（《"三指标"联动，实现酒店效益最优化》《景气不足环境下酒店的收益管理》）；在解决行业的人力资源瓶颈和困境方面，提出了一线劳务的社会化和改革酒店服务费使用机制的设想（《酒店劳务的社会化使用》《创新酒店行业服务费机制、提高一线员工待遇》）……2003 年，上海市政府的三定方案明确将整个住宿业的行业管理划归旅游部门。为了使管理部门和相关方面尽快熟悉了解住宿业中星级饭店以外的各种相对陌生的业态，在短期内做大量调查研究的基础上，厘清了各种业态之间的区别联系和内在的特点规律，写出了《上海经济型旅店业的现状、趋势与行业管理对策》《如何区分公寓式酒店与酒店式公寓》《产权酒店与分时度假酒店的异同》《中国式产权酒店的运作——本质上难以跳出的怪圈》等文稿，指导区县旅游局的行管人员开展工作。

十多年里，关联的论文、调研报告、讲义、随笔文稿等有 50 多篇，30 多万字。公开发表的 40 多篇次，刊登在《中国旅游报》《旅游时报》《中国旅游饭店》《饭店现代化》《饭店世界》《上海饭店》《旅游科学》等报章杂志和学术刊物上。其中有的被新华社编入内参《经济决策参考》(如《宾馆酒店业的发展要遵循四个原则》),有些还被国家行政学院研究室、求是杂志社等机构编入大型文献(如《在市场驱动下合理调控　促进酒店业健康发展》《上海酒店市场发展的现状、趋势和应对政策》)。

陈雪羽身上除了学者型管理干部的特征,还有接地气务实干活的一面。2008年8月,为了加强旅游部门在上海世博会筹办过程中的作用,陈雪羽被借调到上海世博局票务中心,负责世博旅游和观博旅游客源的组织工作。在两年多的时间里,带领工作团队走遍了全国30个省会城市(包括直辖市),访问当地的省世博办寻求对组织观博客源的支持;约谈各地推荐的旅行社消除顾虑承担世博指定旅行社的职责;与铁路民航等部门沟通解决当地观博旅游客源的输送瓶颈;在上海逐区召开饭店和住宿企业的信息沟通座谈会为会期的外来观博旅游客源提供住宿保障……在票务中心团队的共同努力下,上海世博会的观博客源最终达到了7308万人次,超过了争办时向国际上承诺的7000万人次。特别值得注意的是其中以旅行社团队形式组织的观博人数达到了2050万,远远超过了原来的预期。在上海世博会筹备和举办期间筹办团队务实接地气的做法和经验,陈雪羽在后来撰写的《充分发挥旅行社团队在大型展博活动中的作用》一文中做了全面的叙述和总结。

本书选编的是作者在公开媒体上发表过的部分文章,分为市场分析和行业管理两大篇,每篇中的文章又按照撰写或发表的时间顺序来排列。希望能对读者了解21世纪以来上海酒店业的市场发展和行业管理的大致轮廓有所帮助。

目　录

市场分析篇

行业管理篇

市场分析篇

上海酒店市场发展的现状、趋势与应对政策

2003 年 6 月

一、上海酒店市场的现状

（一）APEC 会议以来上海酒店市场持续飘红，处于全面向上态势之中。

体现在几个方面：

1. 星级宾馆数量增加

2001 年年初上海星级宾馆总数为 240 家，当年年底增至 300 家；2002 年年底达到 319 家；目前为 320 家，客房总数 52462 间（套），其中五星级 20 家，客房 8918 间（套），四星级 27 家，客房 9507 间（套），三星级 118 家，客房 20819 间（套），二星级 137 家，客房 11903 间（套），一星级 18 家，客房 1315 间（套）。

2. 客房出租率不断上升

2002 年星级饭店年平均出租率达 71.82%，比 2001 年增加 4.3 个百分点。其中五星级 77.40%、增加 5.8 个百分点，四星级 76.95%、增加 4.5 个百分点，三星级 69.67%、增加 4.1 个百分点，二星级 66.89%，增加 3.9 个百分点，一星级 66.74%、减少 1.9 个百分点。

2003 年头两个月，星级饭店平均出租率为 64.20%，比上年同期又增加 4.08 个百分点。其中五星级 70.14%，长 1.35 个百分点，四星级 68.97% 长 4.01 个百分点，三星级 60.96，长 3.83 个百分点，二星级 60.28%，长 4.81 个百分点，一星级 54.11%，长 4.11 个百分点。

3. 平均房价持续增长

2002 年星级饭店年平均房价 423.56 元，比 2001 年上升 8.62%，其中五星级 903.37 元，上升 2.69%，四星级 473.05 元，上升 7.40%，三星级 290.04 元，上升 7.39%，二星级 194.02 元，上升 1.45%，一星级 146.73 元，下降 11.61%。2003 年头两个月平均房价 453.19 元，比上年同期增 21.62%，其中五星级 924.50 元，增 29.68%，四星级 449.38 元，增 8.95%，三星级 309.01 元，增 8.42%，二星级 221.93 元，增 9.29%，一星级 174.04 元，降低 3.25%。2003 年一季度房价的平均水平比去年要高。

4. 市场国际化程度增强

2002 年上海市场中含有境外投资的酒店（简称外资酒店，不包括境外或国际品牌纯管理的酒店）36 家，比 2001 年增加 2 家；在上海酒店市场中管理或已签约管理酒店的国际酒店集团共 17 家[①]，比 2001 年增加 1 家；其中排名全球前十五的有 10 家；使用的国际品牌共 30 个[②]，比 2001 年增加 1 个。这些国际品牌管理或授权特许经营的酒店（包括已签约的在建酒店）共 37 家，比 2001 年增加 3 家。

---

① 已进入上海酒店市场的 17 个国际酒店集团是：1. 英国六洲；2. 美国万豪；3. 法国雅高；4. 美国仕达屋；5. 美国卡尔孙；6. 美国凯悦；7. 西班牙索美里亚；8. 英国希尔顿国际；9. 英国福特；10. 加拿大四季；11. 日本日航饭店；12. 新加坡君华；13. 香格里拉；14. 富豪；15. 贵都；16. 日本大仓饭店；17. 美国圣达特。

② 已进入上海酒店市场的 30 个国际酒店品牌是：洲际、皇冠、假日、万豪、J.W. 万豪、丽嘉、万丽、万怡、万豪行政公寓、华美达、索菲特、诺富特、圣瑞吉、威士汀、喜来登、福朋、雷迪逊广场、雷迪逊塞斯、索美里亚、希尔顿国际、皇家美丽殿、四季、日航、文华、香格里拉、富豪、贵都、大仓、豪生、君悦。

（二）2002 年上海酒店市场的三个特点

1. 客房的供求总体平衡，但高星级略显紧缺

平均出租率是反映酒店市场供求关系的主要指示器。在充分市场化的条件下，出租率过高，处在合理上限之上，表明市场对客房的需求超过了供应；出租率过低，处在合理下限之下，则表明客房供应量大过市场对它的需求。关键是如何界定出租率的合理数值。我认为它的度应该设在既能使酒店效益最佳化（即 RevPAR 达到最大值），又能使酒店可持续发展（即客房不能长期地百分之百全负荷使用，须有一定余地以确保酒店的正常营运、维修保养和不时之需）这两者结合的最佳点上。美国据说是在 67% 左右。至于上海的最佳合理数值，业内经验人士认为应该是在 70%~75%。这是从市场平均角度考虑的。如果从星级细分情况看又有所不同：高星级酒店由于其客房结构和高投入高成本引起的高价格定位等原因应当处于上述值的略低区位，即 70%~73%，而三星级以下经济型酒店则应相应地处于略高部位，即 72%~75%。以此衡量客房供求：2002 年平均出租率为 71.82%，在 70%~75% 的合理数值范围内，表明全市客房供需总量处于大体平衡状态。但四、五星级酒店在房价升高的同时，平均出租率分别达到 76.95% 和 77.40%，超过了其 70%~73% 的合理数值，表明高星级客房略显紧缺。

2. 出租率增长呈现剪刀差，表明客源构成中商务会展比重增大

2002 年上海市场酒店出租率增长呈现出星级越高增幅越大、星级越低增幅越小、一星级负增长的特点。这个剪刀差反映了高星级酒店市场份额的扩大：2002 年五星级市场份额为 18.47%[①]，比

---

① 我这里使用的计算市场份额的方法是：

$$\frac{某星级客房总数 \times 该星级平均出租率}{全市酒店客房总数 \times 全市平均出租率}$$

2001 年 15.36% 增长 3.11 个百分点，四星级为 19.57%，比 2001 年 21.70% 减少 2.13 个百分点，但四、五星级两者的市场总份额为 38.04%，仍比 2001 年 37.02% 增加 1.02 个百分点。高星级市场份额增加又是旅游市场中客户构成比例变化的结果：在普通旅游团队、商务散客（或称公司客）和会议展览（或称商务团队）三块大宗客户群体中，以三星级酒店为主要住宿地、驻留时间在两天之内的普通旅游团队比重相对降低，而以高星级酒店为主要住宿地、支付房价高的商务散客（或称公司客）和同样以高星级酒店为主要场所、驻留时间长、对酒店营收拉动大的会展旅游（商务团队）比重明显增大。事实上，上海 2002 年会展旅游增长尤为显著，仅国际会议一项就有 292 个（这一数字还不包括在上海酒店召开的一些中小规模公司的内部会议），超过了以往任何一年。

3. 国际级的竞争与协作同步发展

2002 年国际酒店集团继续看好上海市场，加大了入驻上海的力度。表现在两个方面：一是全球级国际集团的品牌大都入驻之后，次全球级和地区级品牌正在陆续跟进。例如，福特集团的美丽殿已用"皇家美丽殿"的品牌在上海签约管理一家未来的高星级酒店，致使国际排名前 15 的酒店集团中已有 10 位入驻上海；印度达泰集团的泰姬、德国汉莎的凯宾斯基、丽兹·卡尔顿的保尔盖利、美国希尔顿的康拉德等也正在紧锣密鼓谈判之中。二是已入驻的国际品牌在前期抢滩的基础上加大了夺取酒店管理市场份额的力度。例如，万豪集团的万丽已在浦东签约管理第二家酒店——淳大万丽，华美达在浦东签约特许经营第三家酒店——浦东国际机场宾馆，致使万豪系列酒店在上海的总数已达 10 家；六洲集团在上海也已签约第二家皇冠广场酒店的管理意向书，使其在上海管理或将要管理酒店的总数达到了 6 家。国际酒店集团及其品牌的涌入为上海市场带入了国际级的竞争，也带来了酒店同行之间的交流与协作。2002 年，在上海旅游饭店协会之下成立了国际品牌酒店专业工作委员会。各国际酒店在这个组织之下定期分析市场、交换信息与资料、研究携手促销方案，并与本土酒店集团（如锦江集团）加强交流与沟通，从而使上海酒店市场的国际化程度进一步提高。

二、未来三年上海酒店市场需求发展趋势

未来三年上海酒店市场受制于宏观旅游市场中下列六个方面因素的影响和作用，整体仍将处在上升通道之中。

（一）接待入境旅游人数的增长会对三星级以上客房的需求起拉动作用

接待入境旅游人数是指通过上海口岸入境并在上海酒店住宿的境外客人，不包括在其他口岸入境或虽从上海入境但未在上海酒店住宿的客人。1998 年以来，入境旅游人数年年增长：2000 年 181 万人次，2001 年 204 万人次，2002 年 272 万人次。其中尤以 2002 年的增长幅度最大，达 33.4%。按照上海旅游发展三年行动规划，2005 年上海的接待入境旅游人数将达 400 万人次。如按每人次在沪住宿两夜计，可测算出当年（2005 年）接待入境旅游者的客房需求为 800 万房夜次。这一需求比 2002 年增加约 256 万房夜次。（2002 年接待入境客房需求约为 544 万房夜次）。2003 年到 2005 年共三年，平均下来，每年递增的客房需求是 85.33 万房夜次。由于入境旅客大部分住宿三星级以上酒店，因而这一需求增长趋势主要对三星级以上酒店客房产生压力。

（二）国内旅游人数的增加会对三星级以下经济型酒店客房需求起拉动作用

上海国内旅游近年也呈增长趋势：2000 年接待人数约 7848 万人次；2001 年 8254.49 万人次，比 2000 年增加 5.18%；2002 年达 8760.92 万人次，比 2001 年又增长 6.14%。根据三年行动规划，2005 年接待国内旅游人数将达 1 亿人次，比 2002 年要增加 1200 万人次。据抽样统计，国内游客中，住宿过夜者占到总数 83.6% 以上（2000 年是 97%，2001 年是 96.9%，2002 年为 83.6%），而过夜者中有三分之一多（2000 年为 29.2%，2001 年为 35.6%，2002 年为 37.5%）是入住在各类饭店。因此，以平均每人次停留 1.5 夜，并且两人一间客房计算，2002 年上海各类饭店接纳国内旅游住宿者为 2746.55 万人次，使用的客房总量大约是 2059.91 万房夜次。如以同样比例测算，2005 年在沪各类饭店入住的国内旅游者将达 3135 万人次，总需求为 2351.25 万房夜次；与 2002 年相比将增加 291.34 万房夜次。也就是说，从 2003 年到 2005 年的三年，平均每年都要在前一年的基础上再增长 97.11 万房夜次。这部分增长需求主要集中在三星级和三星级以下经济型酒店市场中。

（三）国际会展旅游的增长势头会加大对高星级酒店客房需求的比重

近年来国际会议中心、新国际博览中心等会议展览设施的建成及 1999《财富》论坛、APEC 系列会议和第 35 届亚行年会的成功，使上海筹办大型国际会议的能力和会展旅游的发展前景已被国际认同。来自于德国汉诺威、法兰克福和意大利米兰的专业国际会议展览组织已在上海设立了常设机构。一些国际组织的大型会议（如 2004 年秋两个人数都在 3000 人以上的大会——第十五届亚太电力协会大会和第二届世界工程师大会）已确定在上海召开。同时，随着城市"四个中心"功能目标的确立和25家跨国公司地区与中国总部的入移，上海也已成为跨国公司内部会议的首选地之一。上海市旅委继2001年加入ICCA组织成为ICCA在中国的代表之后最近又组建了会展推广中心——政府的主导作用会更加剧会展旅游的发展势头。2001年上海举办各种国际会议182个、国际展览145个，2002年国际会议增加到292个、国际展览272个，根据三年行动规划，2005年仅大中型国际展览一项就将达到400个。一般说来，国际会议展览团队（如前所述又称商务团队）使用四五星级酒店居多。一些大型的国际会议也启用部分三星级或以下的客房作为辅助用房。因此，国际会议展览团队的人数虽然应被包含在入境旅游人数的增长之中，但国际会议展览数量的增长趋势会加大四五星级宾馆在入境旅游人数增长引起的客房需求中的比重。

（四）世博会筹办过程中的需求拉动和大型国际活动的作用

2010年的上海世博会已与2008年的北京奥运会一起被认为是经济发展的两个引擎。世博会的筹办本身是一个系统过程，场馆和接待配套将涉及多个行业的基本建设与投资，其中不乏来自国外和国内其他地区的人流、物流、资金，从而牵发上海酒店市场的需求；世博会同时有它的前期集聚效应，会直接或间接吸引大量国际活动——有些国际组织和商业机构正是冲着2010的世博会而把它们的活动放到上海（如香港的法兰克福展览公司为因应世博会决定在上海举办2008年国际纺织展）。仅就目前已知的情况，上海今年有福布斯全球总裁会议、2004年起连续多年的F1赛事、2006年环球影城开园、2007年的特奥会赛事和世界杯女足赛。2008年北京奥运会前后，更会有大量的出入境流途经上海。

（五）国际品牌酒店集团数量的增加及其营销活动

国际品牌酒店集团是酒店业的跨国公司，其相对于本土酒店之优势在于他们的国际性：遍布全球的预订网络，全球性的广告与营销招徕活动，以及其品牌在全球各地的忠实客户。从目前情况来看，通过国际酒店集团预订系统进来的客源约占国际品牌酒店客房使用量的 10% 强。随着以后几年更多的国际集团入驻和本土酒店加盟，通过国际酒店集团招徕客人是个不可忽视的因素，其数量和比重也会增加。由于国际品牌酒店目前主要集中在高星级酒店，因此它们的招徕结果在计入入境旅游人数的同时，也会进一步增大这一块需求中高星级的比重。

（六）局部国际战争、突发事件对上海酒店市场的影响

一般来说，美伊战争这样的国际战争，尽管发生在世界其他地区，由于减少了安全系数和增加了交通成本，会抑制人们的出行需求，引起我国入境旅游人数和酒店客房需求的负增长。类似 SARS 这样的本地突发事件也直接给旅游业灾难性打击。但是，从三至五年的中长期看，局部战争和突发事件的影响又是有限的。只要采取有力的措施，保持安全形象和稳定的环境，即使有战争或突发事件影响，上海仍有可能吸引一些本来应该在其他地区开的会议和本来应该去其他地方的游客，尤其是商务旅客。就像"9·11"以后全球旅游走下坡路，而上海却一枝独秀——由于 APEC 会议的成功而塑造了"安全稳定港"的形象，从而吸引了大批会议和游客一样。

总之，由于上述各因素的影响及其互动消长作用，上海酒店业所面临的市场需求，在三至五年内，不排除会有波折和萎缩，但整体仍将保持增长趋势。

三、酒店市场需求发展的应对政策

保持上海酒店市场平衡发展的应对政策应当是适当有序地增加客房供应量，以满足国际化大都市发展的需要。

（一）预测的市场需求与现有供应之间存在缺口，需要不断新增酒店来保持动态平衡

如前预测，在无重大逆转事件前提下，2005 年上海接待的入境人数和国内旅游人数总量将达 1.04 亿人次，折合成对饭店客房的总需求为 3151.25 万房夜次（其中 800 万房夜次是对三星级以上，尤其是四、五星级商务酒店的需求；2351.25 万房夜次是对三星级以下经济型酒店的需求）。而目前上海星级饭店客房的总供应能力，按 2002 年实际供应计算约为 1371.4 万房夜次，加上非星级饭店的容量（按 2002 年计算）1232.51 万房夜次，总数为 2603.91 万房夜次。与 2005 年总需求相比，其间的缺口为 547.34 万房夜次（256 万房夜次是三星级以上，尤其是四、五星级商务酒店的客房需求，291.34 万房夜次是三星级以下客房的需求）。如考虑到 2010 年世博会召开期间半年造访人次 7000 万，客房供需之间的缺口就更大。因此在今后几年中向市场投入更多的酒店势在必行。

（二）酒店的增加要以常态发展的需求为依据，不可无所节制

酒店的增加势在必行，然而究竟增加多少和以怎样的速度增加？有两个需求参照系数可选择：一是《三年行动规划》确定的目标所带来的新增需求，即三年弥补 547.34 万房夜次的缺口、平均每年新增 182.45 万房夜次；二是 2010 世博会带来的半年 7000 万人次的需求。我认为，客房供应量的新增应以常态的需求发展为参照系数并与其保持动态平衡，即以三年行动规划的需求为依据，而不应以诸如 2010 世博会这样某个高峰时段的特殊需求为目标。否则，高峰时的需求虽能满足，过后的供应则会大量过剩，其结果是全行业的恶性竞争和萎缩。昆明花博会就是一个教训。

按前一个需求系数测算，平均每年需新增满足 182.45 万房夜次需求的酒店，其中 85.33 万房夜次是对三星级以上，主要是四、五星级的客房需求，97.11 万房夜次是对三星级以下客房的需求。如以一个酒店 200 间客房、一年 365 天、合理客房率为 70% 计，则相当于每年新投入市场 35.7 家酒店（其中 16.7 家为三星级以上，主要是四、五星级酒店；19 家为三星级和三星级以下经济型酒店）才能平衡市场的需要①。

（三）世博会期间的高峰需求应以多途径多渠道来消化解决

例如，动员启用所有的服务公寓、酒店式公寓和其他非酒店住宿设施及民间住宿设施，动员启用农村和城镇居民家中的空余住房，充分利用上海周围长三角地区的住宿资源（现代交通大大缩短了上海到苏州、无锡、杭州甚至南京等地的距离，使这一方案成为可能），参考借鉴其他世博会承办国的经验和方法（如西班牙租用国外游轮）等。

需要说明的是，在后计划经济时期，政府不会再通过行政审批的方式来控制酒店数量的增加，但可以通过市场监管、信息公布的方式诱致性地引导投资趋向，调控市场，达到动态平衡。

---

① 我是这样计算的：182.45 万 ÷200÷365÷70%=35.7（个酒店）。这里，假设条件不同，结果也会不一样：如果按一个酒店 300 间客房计算，那么就是 182.45 万 ÷300÷365÷70%=23.8（个酒店）；如果合理客房率按 75% 计算，那么就是 182.45 万 ÷200÷365÷75%=33.3（个酒店）。

2006 年上海饭店业的现状、供求变化与趋势预测

2006 年 3 月

一、2006 年上海饭店业现状

（一）上海饭店业的构成：星级饭店与社会旅馆

上海广义的饭店业即住宿业，目前有 3800 多个单位，主要由两大部分构成，即星级饭店与社会旅馆。两者之间的区别，不在其规模大小，也主要不在其档次高低，而是基于市场与服务的差异。星级饭店提供多功能服务，即除了客房住宿以外，还有餐饮服务、康健娱乐设施服务、会议设施服务等。这种服务有深度豪华的（如四、五星级等高档饭店），也有浅显低档的（如一、二星等低星级饭店）；社会旅馆提供单一的有限服务，即客房住宿（有的虽有餐饮，但只是附属于客房，主要解决住客吃早餐的问题）。但在客房住宿服务的深度方面，其内部存在较大差异，其设施并不都是浅显低档的，有不少是深层次中高档的。如格林豪泰在上海的两家连锁酒店，其客房服务的设施水平不亚于三星级饭店。

（二）星级饭店的数量、分布及其特点

截至 2006 年一季度上海共有正式评定的星级饭店 351 家，其中

五星级 25 家，四星级 41 家，三星级 131 家，一、二星级 154 家。此外还有 25 家左右相当于四、五星级水平但尚未评星的饭店。从分布状况看，四、五星级饭店大都集聚在中心城区。尤其是五星级饭店，主要分布在静安、卢湾、长宁、徐汇、浦东等区的中心商务地带；这与五星级饭店的功能定位和适配环境基本一致。近、远郊地区目前尚未有正式挂牌的成熟的五星级饭店；四星级饭店仅有宝山的宝山宾馆、奉贤的悦华大酒店与嘉定的迎园饭店。三星级以下饭店相对平衡，全市 18 个区与崇明县均有分布。

近年来上海星级饭店的一个总体特点是，星级高的饭店经营情况相对较好，星级低的饭店经营情况相对较差。这从平均出租率和平均房价两个方面反映出来。平均出租率方面，2005 年五星级饭店为 72.33%，四星级为 68.70%，三星级为 63.23%，二星级为 60.06%，一星级为 59.44%，典型地呈现出星级越高出租率越高的态势。2002年以来历年的出租率数据，也基本符合这一状况（见表 1）。

表 1　2002 年后历年各星级饭店的出租率数据

（单位：%）

	五星级	四星级	三星级	二星级	一星级
2002 年	77.40	76.95	69.67	66.89	54.11
2003 年	61.93	61.64	60.36	61.19	60.76
2004 年	75.73	72.22	65.71	66.61	61.07
2005 年	72.33	68.70	63.23	60.06	59.44

年均房价方面，2005 年五星级饭店为 1362 元，四星级为 640.76 元，三星级为 334.71 元，二星级为 210.33 元，一星级为 184.57 元。一般说来，同一地区的较高星级饭店与次位星级饭店之间存在房价差异是不言而喻的。问题在于近年来上海中高端市场中两者的差额

在不断拉大，到 2005 年已达一倍左右（五星级房价是四星级的 1.12 倍；四星级是三星级的 0.91 倍）（见表 2）。在房价的同比升幅上，也是五星级高于四星级，四星级高于三、二、一星级（五星级 2005 年房价比 2004 年上升 15.7%；四星级上升 9.19%；三星级上升 0.53%；二星级上升 2.75%；一星级上升 3.56%）。

表 2　2002 年以来历年各星级饭店的房价数据

（单位：元）

	2002 年	2003 年	2004 年	2005 年
一星级	146.73	180.24	178.23	184.57
二星级	194.02	221.20	204.70	210.33
三星级	290.04	320.61	332.94	334.71
四星级	473.05	510.07	586.81	640.76
五星级	903.37	981.60	1177.21	1362.00

（三）社会旅馆的数量、分布及其特点

截至 2005 年年底，上海有各类社会旅馆 3460 余家（床位 17 万多张），分布在全市各个角落。根据其客房结构的不同，社会旅馆可大致分为三类：一是青年旅店，其客房特征是一房多铺，房内不设独立卫生间（一般是使用楼层公用洗漱与卫生设施）；二是假日旅店，其特征是一房两床（或三床），内设独立洗漱卫生设施（也就是一般概念的标准客房）；三是经济型商务旅店，其特征是在一房两床含独立卫生间的基础上增强商务功能（如有相当比重的单人大床房、客房内配置独立写字桌、软座椅或简易沙发、上网功能等）。社会旅馆整体来看有这么几个特点：（1）价格低廉但跨幅较宽；（2）分布不均匀但相对合理；（3）动态变化频率较快；（4）新型经济型连锁旅店发展迅速。

（四）存量饭店的供需状况

2006 年年初上海存量饭店供需的总体状况可以概况为两句话，即"大体平衡，部分酒店略有供余"。这与三年前的"总体平衡，高星级略显紧缺"已经有所不同。我们可从客房率分析看到这一点：2005 年上海旅游饭店的平均客房率为 66.43%，与 2004 年 68.74% 相比，下降了 2.31 个百分点；其中星级饭店客房率为 65.64%，与 2004 年 69.05% 相比下降了 3.41 个百分点，与 2002 年 71.82% 相比，则下降了 6.18 个百分点。年平均客房出租率的下降反映了市场供应趋松，从三年前"总体平衡、高星级略显紧缺"演变到目前的"大体平衡、略有供余"。形成这一变化的原因主要有二：一是酒店客房供应以较快速度在增长。上海这两年每年都有大量新客房投入营运。仅高端市场领域，2004 年就新增酒店 9 家，客房 2065 间；2005 年新增 12 家，客房 3313 间。二是酒店房价升涨较快，抑止了部分消费需求。2003 年上海星级饭店年平均房价 463.39 元，比前一年上升 9.4%；2004 年 539.16 元，比 2003 年上升 16.35%；2005 年 599.19 元，比 2004 年增长 11.13%。

在总体供应趋松的情况下，各星级供需关系的变化幅度又不完全一样：

五星级酒店：近年来出租率逐步下降，但仍保持在 70% 的平衡底线之上（2002 年 77.40%，2003 年 61.93%，2004 年 75.7%，2005 年 72.33%）；表明供需基本平衡，三年前略显紧缺的状况得到缓解。

四星级酒店：近年来出租率逐步下降，且 2005 年跌破平衡线 1.3 个百分点，（2002 年 76.95%，2003 年 61.64%，2004 年 72.22%，2005 年 68.70%）；表明供求基本平衡，但已有潜在供余。

三星级以下酒店的出租率这几年一直是在 70% 这一平衡底线以

下滑动：

三星级 2002 年为 69.67%，2003 年为 60.36%，2004 年为 65.71%，2005 年为 63.23%；

二星级 2002 年为 66.89%，2003 年为 61.19%，2004 年为 66.61%，2005 年为 60.06%；

一星级 2002 年为 54.11%，2003 年为 60.76%，2004 年为 61.07%，2005 年为 59.44%。

因此都已有明显供余迹象。

值得注意的是，一、二、三星级酒店出租率的下滑并不代表中低档市场消费需求的衰减，而是反映了中低档住宿业中的洗牌现象。因为与此同时，社会旅馆中的新型经济型连锁店这两年急速膨胀，且在客房总量增加的同时出租率居高不下（均在 80% 以上）。新型旅店连锁不同于旧式旅馆之处：一是趋新，即在有限服务和简洁的前提下，设计装修与设施配置比较贴近市场需求变化；二是品牌与连锁，使质量趋向稳定并产生广告效应。新型经济型连锁旅店的旺盛需求，一部分是由于它作为新产品自身开发出来的，另一部分则是从三星级以下酒店的原有份额中吸引过来的。

二、2006 年的供需变化与后三年的趋势预测

（一）新增需求的预测

影响饭店市场需求的因素很多（如国际国内各种类型的会议、展览，非会展型的大型活动和体育赛事，商务贸易的差旅活动，包价与散客的旅游等），但最终都可归结于两大块的变化，即入境过夜人数和国内抵达过夜人数的变化。因此对 2006 年需求的预测可以从这两方面来量化计算。

从入境过夜人数看，上海进入 21 世纪以来一直保持上升趋势（2003 年因 SARS 影响除外）：2000 年为 181 万人次；2001 年为 204 万人次，同比增加 13.3%；2002 年为 272 万人次，同比增加 33.3%；2003 年为 245 万人次，同比减少 9.9%；2004 年为 385 万人次，同比增加 57.14%；2005 年为 444.5 万人次，同比增加 15.32%。2006 年，上海旅委争取实现的目标是接待入境过夜旅客 510 万人次，将比 2005 年新增 66 万人次，增幅为 14.86%。我们以此作为计算需求的依据。假定平均每人次住两夜，66 万人次的新增量折算成对饭店客房的需求大约是 132 万个床／夜。再按一年 365 天，客房率 70%，客房与床位之比为 1 : 1.5 计算，这个需求相当于新增 3444 间客房的量（1320000 ÷ 70% ÷ 365 ÷ 1.5 ≈ 3444）。

从国内抵达过夜人数看，上海 2005 年接待国内抵达 9011 万人次。2006 年争取目标为 9500 万人次，将比 2005 年新增 489 万人次。如按照其中 2/3 的人过夜，过夜者中 80% 住旅店（或宾馆），每人次平均住两夜计算，大约需 521.6 万个床／夜。再按一年 365 天客房率 80%，客房与床位之比为 1 : 1.75 计算，即相当于新增 10207 间客房的量（5216000 ÷ 365 ÷ 80% ÷ 1.75 ≈ 10207）。

将上述两方面结果相加后可见，2006 年饭店市场新增的需求总量为 653.6 万个床／夜，折合成酒店客房约为 13651 间（其中高中档客房 3444 间，中低档客房 10207 间）。

（二）新增供应的预测

饭店市场中的供应就是正在营运的酒店客房的总和。这两年由于饭店经营情况良好以及对世博会需求的看旺预期，众多投资纷纷趋向建造酒店与新型旅馆，从而使上海饭店市场的供应状况发生变化。从中高端市场看，2004 年有 9 家新酒店投入营运，新增客房

2065 间；2005 年新增 12 家，客房 3313 间；2006 年，预计新开业酒店至少有 16 家[①]，客房约 5129 间。而中低端市场中，新型经济型旅店在前两年大发展的基础上膨胀的速度会更快：仅锦江之星、如家、莫泰旅店、宝隆居家、格林豪泰、美兴、速 8、假日快捷八家国内外连锁旅店 2006 年在上海地区的新增计划就有 45~48 家店之多，客房 8700 多间[②]。再加上其他新生连锁和单体旅店，其总增量不会少于 70 家，客房不会少于 10000 间。这个数字加上中高档市场的 5129 间客房，2006 年的新增客房总数至少应有 15129 间。

（三）2006 年当年供求关系的预测

综上所述，2006 年新增需求折算成客房大约是 13651 间（其中高中档客房 3444 间，中低档客房 10207 间），而实际新投入的客房则在 15129 间（其中高中档客房 5129 间，中低档客房 10000 多间），因此两个增量之间会出现差异，即新增客房会有 1478 间左右的剩余（其中高中档客房 1685 间，中低档客房负 207 间）。相对于十几万

---

① 这16家酒店及其客房数为：五星上将酒店，223 间；世茂艾美国际广场酒店，776 间；北外滩世茂凯悦酒店，618 间；证大丽笙酒店，361 间；吉臣酒店（吉林大厦），300 间；洋洋显达度假酒店，302 间；千禧海鸥大酒店，307 间；龙之梦商城宾馆，700 间；复旦皇冠假日国际会议中心，309 间；复旦太平洋金融学院国际交流中心，186 间（该中心 2005 年夏试营业时投入 199 间客房，余 186 间当时未装修，拟待客源上去后再装修投入营运，故这里将其列入 2006 年的潜在增量）；东郊宾馆，180 间；金水湾大酒店，157 间；龙之梦丽晶酒店，311 间（该店客房总量 511 间，2005 年 11 月开业 200 间，余 311 间预计 2006 年开出）；淮海国际酒店，167 间；璞邸精品酒店，52 间；临港豪生大酒店，180 间。

② 2006 年新型经济型连锁旅店在上海地区的发展预测：

连锁旅店名称	新增旅店数（家）	新增客房数（间）
锦江之星	11	1900
莫泰 168	7	3000
如家	8~10	1000
宝隆居家	3~4	300~400
格林豪泰	10	1500
美兴	2	400
速 8	3	300
假日快捷	1	250
总数	45~48	8650~8750

间客房的饭店业整体来说，这 1478 间客房的供余量不算大，其中一部分还会被往年的供缺积账所消化，但其对出租率的下行压力无疑是存在的。因此可以预测，2006 年出租率整体下调的现象还会存在。另外，由于旅游经济增长方式向效益型的转变、客源结构比重向会展商务的进一步倾斜以及国内房价水平低于国际的实际差距等因素的存在，2006 年上海饭店的房价仍将处于上升态势。当然，一般来说房价上升会对消费需求和出租率产生负面影响，但从上海情况看，这一影响主要是在中低端市场产生作用，而这一领域中的其他一些因素又会部分抵冲或消化这一作用（如一些新型连锁旅店来自旧式旅店的改造，其增量来自旧式旅店的减量，因此在引发或提高部分消费需求的同时，对客房供应总量不产生影响，从而部分抵消了上述负面影响）。因此，预计 2006 年上海房价升涨幅度应该仍会大于出租率的下调幅度。

（四）2007 年至 2009 年的供应趋势及相应对策

据不完全统计，上海目前至少有 60 个在建拟建高星级酒店项目将在 2007 年及其后两年完工，其客房总量按平均每个 320 间计算大约是 19200 间[1]。根据前述条件（即平均每人次住两夜，一年 365 天，客房率 70%，客房与床位之比为 1：1.5）计算，这个客房数可用于接纳 367.9 万增量的入境过夜人次；加上 2006 年新增高星级客房 5129 间的接待能力 98.3 万人次，到 2009 年年底，上海仅高星级饭店的存量一块已有接待 910.7 万（444.5 万 +98.3 万 +367.9 万）入境过夜人次的能力。这个量用于接待 2010 世博会的相应客源也许尚有短缺，

---

[1] 在建拟建酒店的客房数在建设过程中会因各种原因而调整（如 2006 年将投入市场的北外滩世茂酒店最初的规划只有 200 间客房，由于形势看好，在建设过程中业主将原计划的一栋公寓楼也改为酒店，使实际客房在开业时将达到 618 间），因此这 60 个项目的客房目前尚无法精确计算，故此处按 2006 年开业酒店的平均数 320 间来预测。

但以常态的发展来衡量应该是足够了。

考虑到:（1）在这三年中还有新型经济型旅店客房的巨额增量；（2）酒店建设的周期（从项目立项到最终投入使用）一般至少要三年，因此 2007 年以后开工的项目，到 2010 年时不一定能完工投入使用，而当它们能进入市场形成实际的客房供应能力时，又已过了世博会的需求高峰期；（3）世博会的用房不能都靠新建酒店来解决，而是要同时兼采其他途径。因此，从现在开始应当对高星级酒店的新建投资进行劝阻，以避免后世博会时期出现大量过剩。为此建议：（1）今后三年内，在尽快完成现有拟建在建项目、确保其在 2009 年年底之前能投入使用的同时，除中心商务地带和确实具备高星级酒店适配环境的地区必要时做一些新增布点之外，不宜再有过多高星级酒店的新建投资。（2）兼采其他途径解决世博会的接待用房。其中除开发利用本地其他各类资源以外，还应根据国际上接待超大型活动的经验做法，充分发掘利用上海以外周边地区的住宿资源。目前我们已与长三角地区有关部门联系，将对距上海一个多小时车程区域内现有酒店的数量、布局与接待能力进行调查。

2007 年上海饭店业的现状与供求变化趋势

2007 年 3 月

一、上海饭店业的现状

（一）饭店业的构成

上海广义的饭店业，即住宿业，主要由两大部分构成，即星级饭店与社会旅馆。两者之间的区别，不在于规模大小，也不仅在于档次高低，而在于其市场与服务的定位的不同。星级饭店是提供多功能全方位服务，即除了提供客房住宿服务外，还有餐饮服务、康健娱乐设施服务、会议设施服务等。这种服务可以是深度的豪华的，也可以是浅显的中低档次的（如四、五星级酒店与一、二星级酒店的差异）；而社会旅馆提供的是有限服务，即主要是客房住宿（有的虽然也有餐饮，但只是附属于客房，主要解决吃早餐的问题）。而在客房服务的深度方面，社会旅馆又存在差异，其设施不都是浅显低档次的，有不少是深层次中高档的。如格林豪泰连锁酒店，就其客房服务的设施水平来说不亚于三星级酒店。

（二）上海星级饭店的数量、分布与经营特点

星级饭店的数量。截至 2006 年年底，上海有正式评定的星级饭店 317 家，其中五星级 26 家、四星级 43 家、三星级 126 家、二星级 115 家、一星级 7 家。此外还有 45 家左右定位于四、五星级水平但尚未评星的饭店。与上一年公布的情况比，星级饭店的总数减少了 42 家（其中二星级居多，减少了 30 家）。原因是多方面的，如市政动迁、停业改造、业主对物业的重新定位等，并不都是由于服务质量的原因被取消等级。

星级饭店的区域分布。高星级（四五星级）酒店目前仍然主要集聚在中心城区，尤其是五星级酒店，几乎都分布在静安、卢湾、长宁、黄浦、徐汇、浦东等区的商业和商务区，这与其功能定位和适配环境基本一致。近、远郊区近一两年也开始出现一些市场定位为五星级但尚未正式挂牌的酒店（如松江区的佘山世茂、开元新都等）。四星级酒店除宝山区的宝山宾馆、奉贤区的悦华大酒店和嘉定区的迎园饭店，大部分也分布在中心城区。三星级以下酒店相对平衡，全市 18 个区与崇明县均有分布。

星级饭店的经营特点。2002 年以来星级饭店经营的总体状况是，星位高的饭店相对较好，星位低的饭店相对较差。这一特点从各星位饭店历年的平均出租率和平均房价上集中体现出来。

表 1 列举了 2002 年来各个星级的平均出租率。从表中可见，除了个别年份的个别星级（2003 年的三星级、2004 年的三星级、2006 年的一星级）以外，五年来的基本态势是星位高出租率高、星位低出租率低。

表 1　2002 年以来各星级饭店的平均出租率

	五星级	四星级	三星级	二星级	一星级
2002 年	77.40%	76.95%	69.67%	66.89%	54.11%
2003 年	61.93%	61.64%	60.36%	61.19%	60.76%
2004 年	75.73%	72.22%	65.71%	66.61%	61.07%
2005 年	72.33%	68.70%	63.23%	60.06%	59.44%
2006 年	72.59%	66.74%	60.02%	57.65%	64.89%

表 2 列举了五年来各个星级的平均房价。一般说来，同一地区的高星位饭店与次级星位饭店之间理所当然地应存在房价差异。但附表 2 中反映出，上海中高端市场不同星位之间的房价差距在不断拉大，近三年已发展到两倍左右：如五星级房价 2004 年是四星级的 2.01 倍，2005 年是 2.12 倍；2006 年是 2.14 倍；四星级房价 2004 年是三星级的 1.76 倍，2005 年是 1.91 倍，2006 年是 1.97 倍。这也部分反映出中高端市场中星位越高，经营状况相对越好的特点。

表 2　2002 年以来历年各星级饭店的平均房价

	2002 年	2003 年	2004 年	2005 年	2006 年
一星级	146.73 元	180.24 元	178.23 元	184.57 元	174.89 元
二星级	194.02 元	221.20 元	204.70 元	210.33 元	221.63 元
三星级	290.04 元	320.61 元	332.94 元	334.71 元	333.92 元
四星级	473.05 元	510.07 元	586.81 元	640.76 元	658.49 元
五星级	903.37 元	981.60 元	1177.21 元	1362.00 元	1406.43 元

2006 年星级饭店经营状况的新变化。然而值得注意的是，在 2006 年里，上述总态势虽然没有改变，但与 2005 年相比，各个星级的效益增长情况出现了一些新变化：一星级、二星级、五星级保持

了增长趋势，而三星级与四星级则有所下降。也就是说，从效益增长的角度看，星级饭店呈现出了两头高、中间低的马鞍形变化。

表3、表4和表5分别列举了2006年各个星级的平均出租率、平均房价和 RevPAR 与2005年相比较的情况。从中可以看出这一马鞍形变化。

表3　2006 年饭店平均出租率及其同比增幅

	2006 年	2005 年	同比增幅
星级饭店	63.89%	65.64%	−2.67%
五星级	72.59%	72.33%	+0.36%
四星级	66.74%	68.70%	−2.85%
三星级	60.02%	63.23%	−5.08%
二星级	57.65%	60.06%	−4.01%
一星级	64.89%	59.44%	+9.17%

表4　2006 年平均房价及其同比增幅

	2006 年	2005 年	同比增幅
星级饭店	644.83 元	599.19 元	+7.62%
五星级	1406.43 元	1362.00 元	+3.26%
四星级	658.49 元	640.76 元	+2.77%
三星级	333.92 元	334.71 元	−0.24%
二星级	221.63 元	210.33 元	+5.37%
一星级	174.89 元	184.57 元	−5.24%

表5　2006 年 RevPAR 同比增幅

	出租率同比增幅	房价同比增幅	RevPAR 同比增幅
星级饭店	−2.67%	+7.62%	+4.95%
五星级饭店	+0.36%	+3.26%	+3.62%
四星级饭店	−2.85%	+2.77%	−0.08%
三星级饭店	−5.08%	−0.24%	−5.32%
二星级饭店	−4.01%	+5.37%	+1.36%
一星级饭店	+9.17%	−5.24%	+3.93%

　　从表 3、表 4、表 5 中可见，与 2005 年相比，2006 年星级饭店的总体状况是房价上升，出租率下降，房价上升的幅度大于出租率下降幅度，因此 RevPAR 是上升的，增长幅度为 4.95%。这说明星级饭店整体的平均效益还是好的。然而，具体化到各个星级，情况则有所不同：

　　五星级的情况：2006 年房价保持着上升（+3.26%），出租率也改变了前两年的下滑而略有上升（+0.36%），因而两者的乘积 PevPAR 当然是上升的，上升幅度为 3.62%（0.36%+3.26%）；然而这个幅度与 2005 年上升 11% 的幅度相比，却是大大缩小了。五星级的效益之所以能继续保持上升主要是得益于上海酒店客源市场结构中商务会展，尤其是现代服务业与金融商务比重的日益增大，从而能够承受消化其上升的房价；而 2006 年有 6 家定位五星的新酒店开业、共 3128 间新客房投入营运则又大大减缓了其上升的幅度，摊薄了它的平均效益。

　　四星级的情况。2006 年保持了 2005 年房价上升的同时出租率下降的趋势，但与 2005 年不同的是，2006 年房价上升的幅度

（+2.77%）却略低于出租率下降幅度（-2.85%）；因此两者抵消之后，PevPAR 略微下降，降幅为 -0.08%。四星级房价上升后未引起效益明显变化、PevPAR 还略微下降，主要原因是同期有 11 家定位四星级的酒店 2683 间客房开业，导致市场供应增加过猛而使平均出租率摊低；同时，四星级队伍的调整也是一个因素：在个别"优质股"（如南新雅大酒店）晋升到五星级的同时，从三星级中吸收了一些新成员（如斯波特大酒店、延安饭店等）客观上使四星级整体平均效益有所降低。

三星级的情况。2006 年陷入"双降"的处境，即平均房价下降（-0.24%），平均出租率也下降（-5.08%），由此引起 PevPAR 下降的更为厉害，幅度为 -5.32%。三星级近年积贫积弱的状况源于众多经济型旅店，尤其是新型连锁旅店对其市场的冲击。这些市场新入者以低于三星级的平均房价吸走了三星级的部分传统客源。此外三星级自身队伍的调整（其上端部分酒店向四星级的升离和下端来自二星级的部分酒店的进入）也摊低了它的平均效益。

二星级的情况。2006 年是房价上升（+5.37%），出租率下降（-4.01%），但房价上升幅度略大于出租率下降幅度；因而 PevPAR 还是上升的，升幅为 1.36%。二星级在中低档市场的激烈竞争中能维持效益上升，原因之一是其成员队伍在这一年中经历了较大的分化整合，减员近 20%（从 147 家减到 115 家）。减出的大都是一些地理位置或经营状况相对较差的酒店，其中有市政拆除或被上级歇业、改作他用（如办公、仓储等）的；有改换门庭投到经济型连锁旅店旗下的，也有因未达标准和要求被星评机构除名的。而留存下的大都是地理位置或经营状况相对较好、有一定抗争力的成员。二星级的整体效益因此而得以上扬。

一星级的情况。2006 年是房价下降，出租率上升，然而出租率上升的幅度（+9.17%）大于房价的下降幅度（–5.24%），因此 RevPAR 是上升的，升幅达 3.93%，是五个星级中上升幅度最大的。导致一星级效益增长较快的一个重要因素，在于它根据市场状况在价格上重新定位：其平均房价从 2005 年的 184.57 元调整到 2006 年的 174.89 元。此举既拉开了与二星级的差距（从 2005 年的 26 元左右扩大到 2006 年的近 47 元），争取了一批介于两者之间可上可下的客源；又在与经济型旅店的竞争中较具优势（目前上海锦江之星、莫泰 168、如家等新型连锁旅店的平均房价在 200 元左右），从而大大拉升了出租率，导致 RevPAR 的上升。

（三）社会旅馆的数量、分布及其特点

2006 年年底上海有各类社会旅馆 4420 多家，分布在全市的各个角落。

上海的社会旅馆根据其客房结构的不同可以细分为青年旅馆、假日旅馆和商务旅馆三类：青年旅馆客房结构的特点是一房多床、无独立卫生间，假日旅馆的特点是一房两或三床、带独立卫生间，商务旅馆的特点是其客房在一房两床、带独立卫生间的基础上强化商务设施（如有相当比重的单人大床房、客房内配置独立写字桌、软座椅或简易沙发、上网功能等）。

上海社会旅馆的整体特点是：

（1）价格相对低廉但跨幅较宽；

（2）区域布点不均匀但又相对合理；

（3）动态变化频率较快；

（4）新型经济型旅店连锁发展迅速。

（四）存量饭店的供需状况

上海目前存量饭店供需的总体状况仍然可以用八个字来概况，即"大体平衡，略有供余"，但"供余"部分与一年前相比有所扩大。导致这一变化的主要原因是过去一年中酒店市场客房供应增长的速度过快，超越了需求的增长。我们从 2006 年供应和需求两个方面分别分析这一点：

客房供应方面，上海酒店市场在 2005 年已经略有供余的基础上，2006 年又新添了许多酒店和客房：高端市场中新开了 17 家酒店，客房新增 5901 间（其中定位四星的 11 家，客房 2683 间，定位五星的 6 家，客房 3218 间），增量为 2005 年总量的 16.68%；中低端市场中，连锁旅店和其他各种社会旅馆新开的数量更多，客房新增总数达 12500 多间，床位增量占社会旅馆总量的 9.8%。

与此同时，需求方面增加的速度则与客房的增速有较大的差距：以入境过夜的需求为例，2006 年为 464.63 万人次，与 2005 年的 444.5 万人次相比，增幅为 4.52%，与同期高端市场客房 16.86% 的增速相比，仅为其 1/3.7。再从国内旅游的需求来看，2006 年接待 9683.97 万人次，比 2005 年的 9100 万增加了 583.97 万，增幅为 6.4%。这一增幅与中低端市场客房床位增量 9.8% 相比，不到其 2/3。在市场经济条件下，某个具体年度中供应与需求发展不平衡是正常现象，两者相等的概率几乎是零。但是像 2006 年这样供应与需求发展不平衡的差距如此之大则是需要引起关注的。

2006 年高端市场客房增量 3.7 倍于需求增速、中低档市场床位增量 1.5 倍于需求增速的状况，导致了饭店整体出租率的进一步下降：2006 年上海星级饭店客房率为 63.89%，与 2005 年 65.69% 相比下降了 1.80 个百分点，与高峰期 2002 年的 71.82% 相比，则下降了 7.93

个百分点。

如果说 2005 年的供余部分我们可以把它作为"适量超前发展"的需要而予以认同的话，那么 2006 年的新增供余就应当引起重视了。

二、饭店市场供求变化的趋势

（一）2007 年酒店需求的新增趋势

影响酒店市场需求的因素很多，如国际国内各种类型的会议、展览，非会展型的大型活动和体育赛事，商务贸易的差旅，包价与散客的旅游等。但最终都归结于两个方面，即国际旅游商务的抵达过夜和国内旅游商务的抵达过夜。因此对 2007 年需求的预测，可以用入境过夜人数和国内抵达过夜人数来量化计算。

在入境过夜的需求方面，上海旅委的目标是 2007 年接待 500 万人次，比 2006 年的 464.63 万新增 35.37 万人次，增幅为 7.61%。我们以此作为计算需求的依据：假定 35.37 万人次平均每人次住 2.5 夜（2005 年是 2.3 夜，2006 年是 2.43 夜），那么新增量折算成对饭店客房的需求大约是 88.425 万个床／夜。按一年 365 天，客房率 70%，客房与床位之比为 1∶1.5 计算，这个需求相当于新增 2307 间客房的量（计算公式为：884250 床／夜 ÷70%÷365÷1.5≈2307 间）。

国内过夜人数方面，上海旅委 2007 年国内旅客的接待目标为 1 亿人次，比 2006 年新增 316.03 万人次。如按照其中 3/4 的人过夜（2006 年上海接待外省市来沪者 7326.64 万人次，占国内旅客总数 9683.97 万人次的 75.66%，故这里按 3/4 计算），过夜者中 80% 住旅店（或宾馆），每人次平均住 2.5 夜计算，大约需 474.045 万个床／夜。再按一年 365 天、客房率 80%、客房与床位之比为 1∶1.75 计算，即相当于新增 9277 间客房的量（计算方式为：4740450 床／夜 ÷

$365 \div 80\% \div 1.75 \approx 9277$ 间）。

将上述两个方面的需求综合后可见，2007 年饭店市场新增的需求总量为 562.47 万个床 / 夜，折合成酒店客房约为 11584 间（其中国际需求 2307 间，国内需求 9277 间）。

（二）2007 年供应的新增趋势

近三年来，由于饭店业经营情况较好以及对世博会的良好预期，众多投资商纷纷趋向于建造酒店，从而使上海饭店市场的供应状况发生变化。从高端市场看，2004 年有 9 家酒店投入营运，新增客房 2065 间；2005 年新增 12 家，客房 3313 间；2006 年新增 17 家，客房 5901 间。这三年高端市场酒店增长有三个特点：一是在基数逐年增大的同时增速逐年加快：2004 年为 6.88%，2005 年为 10.33%，2006 年为 16.68%。二是单体规模逐年加大：2004 年平均每家为 230 间客房，2005 年为 276 间，2006 年为 347 间。三是五星级的数量逐年上升：2004 年新增高星级酒店中五星级为 0，2005 年为 5 家 1948 间，2006 年为 6 家 3218 间。

据不完全统计，2007 年预计开业的高星级酒店有 23 家，客房数 8576 间。其中定位五星的 13 家，客房数 5931 间，占 69.16%；定位四星的 10 家，客房数 2645 间。占 30.84%。平均每家新增酒店的规模为 373 间，比上一年又有所增大。

中低档市场中，2007 年新型连锁旅店发展的速度会更快。据不完全统计，仅锦江之星、莫泰、宝隆居家、格林豪泰、速 8、汉庭酒店、船长青年旅舍、七斗星、24K 九家连锁旅店在上海地区的新增计划就将近 67 家，客房 9627 间之多。如果加上如家、蓝天绿地等连锁在上海地区的新开店和其他新开的连锁、单体旅店，中低档市场的新增客房数量至少有 15000 间。这个数字加上高档市场的 8576

间客房，2007 年的新增客房总数至少应有 23576 间。

（三）2007 年供求变化对酒店经营的影响

1. 饭店出租率整体下调的现象还将延续

如前所述，2007 年新增需求折算成客房大约是 11584 间，而实际新增投入使用的客房则有 23576 间，因此两个增量之间将进一步出现 11992 间供大于求的差异。这两年积累的供余可能会进一步放大。由此可以预测，2007 年上海饭店出租率整体下调的现象还将延续。

2. 房价上升的趋势可能产生分化

上海酒店市场中目前仍存在着房价抬升的驱动因素和消化这种上升的可能因素。房价上升的驱动因素包括：（1）酒店人力资源成本的上升。短期内大量酒店新增，人力资源供应不上，导致酒店不得不互相挖人，从而抬升了酒店的劳动力成本。（2）酒店能源成本的上升。（3）酒店管理层面临着完成业主方或上级集团不断增长的经营指标的压力。消化房价上升的可能因素包括：（1）上海酒店市场的客源结构还在继续变化，在延续前几年旅游团队比重相对缩小、商务会展比重相对变大这一趋势的同时，商务会展中金融商务的比重又在不断增大。这一趋势将提高市场，尤其是高端市场的承受能力，使消化较高房价成为可能。（2）上海酒店市场的房价目前仍低于国际上同类酒店价格的事实，使日益增多的国际品牌酒店利用它的国际营销网络提高酒店的销售价格成为可能。

然而，并不是所有的酒店都可以利用这一趋势。高星级饭店由于与上述因素关联度较高，因此其房价上升的可能性更大一些。至于上升幅度能否抵消出租率下降的幅度，则要看需求发展的强度。但即使上升幅度大于出租率的下调幅度，两个幅度之间的差距会进一步缩小。

低星级饭店，面对新型经济型饭店大批增量的冲击，出租率下行的压力较大，为将其维持在必要水平，阻止过分下跌，必要时会采取降价手段。因而平均房价可能维持不变，也有可能下降（如 2006 年一星级酒店之所为）。

（四）2008—2010 年的供应趋势

据不完全统计，上海目前至少有 58 个在建拟建高星级酒店项目将在 2008—2010 年完工，其客房总量按平均每个 372 间计算大约是 21576 间。根据前述条件（即平均每人次住 2.5 夜，一年 365 天，客房率 70%，客房与床位之比为 1∶1.5）计算，这个客房数可用于接纳 330.76 万增量的入境过夜人次；加上 2006 年新增高星级客房 5901 间的接待能力 90.46 万人次、2007 年新增高星级客房 8576 间的接待能力 131.47 万人次，到 2010 年，上海仅高星级饭店的存量一块已有接待近 1000 万（444.5 万 +90.46 万 +131.47 万 +330.76 万 =997.19 万）入境过夜人次的能力。这个量用于接待 2010 世博会的相应客源可能是差不多了，如以常态的发展来衡量则是绰绰有余了。

（五）相应的对策

1. 对新建和改建酒店项目进行总量控制

今后三年内，在尽快完成现有拟建在建酒店项目、确保其在 2010 年之前能投入使用的同时，除中心商务地带和确实具备高星级酒店设配环境的地区作必要的新增布点之外，不宜再有高星级酒店的新建投资。

2. 利用上海周边地区的住宿设施作为后备资源和调节供需平衡的蓄水池

对新建酒店总量进行控制，无须担忧世博峰期住宿紧缺。如果现有的拟建在建项目完成之后，接待能力还有缺口，完全可以利用上海周边城镇的酒店、旅馆来调节。国际上举办超大型活动（如奥运会、世博会等）的一个做法，就是动用举办地周边城市住宿资源来平衡峰期的供需矛盾。我们完全可以照此办理。更何况据了解，周边地区已有了这个思想准备：除了存量饭店以外，也正在布建许多新酒店项目。

附：2007 年内新开酒店的名单及其客房数。

1. 裕景大饭店（462 间）

2. 大宁喜来登福朋（350 间）

3. 新天哈瓦那大酒店（685 间）

4. 北外滩世茂尊悦酒店（618 间）

5. 吉臣酒店（300 间）

6. 豫园万丽酒店（340 间）

7. 喜来登由由大酒店（525 间客房 141 套公寓）

8. 宏安瑞士酒店（478 间）

9. 龙之梦万丽酒店（680 间）

10. 东怡酒店（209 间）

11. 淮海国际广场豪生酒店（168 间）

12. 璞邸精品酒店（52 间）

13. 亚龙国际大酒店（409 间）

14. 绿洲仕格维花园酒店（656 间）

15. 博雅酒店（300 间套）

16. 同济联合广场酒店（187 间）

17. 世纪和平置业华美达酒店（198 间）

18. 莎海大酒店（164 间）

19. 天禧嘉福全套房酒店（244 套）

20. 珀丽酒店（321 间套）

21. 明悦酒店（350 间）

22. 华辰隆德丰（219 套）

23. 金山海鸥大厦（220 间）

上海酒店市场的奥运机遇

2007 年 8 月

上海酒店的经营效益近年出现了下降势头，经营管理者由此开始对行业前景担忧。怎样看待短期、中期的市场走势？酒店应当如何应对？此处谈些个人看法，仅供参考。

一、奥运前相对低缓的走势

上海市场近来的需求走势有两个方面的特点：

（一）量的方面，表现为绝对量上升的同时相对量缓慢下降

所谓绝对量是指酒店接待入境过夜与国内过夜人数的总量。上海多年来一直在不断上升。近两年仍延续了这一趋势。此处以一张 2000 年以来接待入境过夜人次的曲线图（图 1）为证，不再赘述。

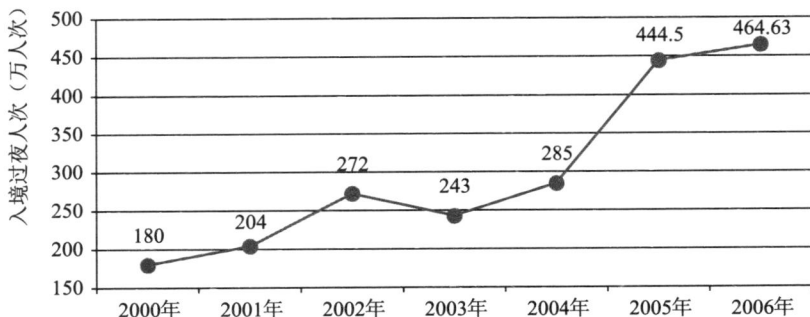

图 1　历年接待入境过夜人次曲线图（数字以万人次为单位）

所谓相对量是指接待人数在酒店平均出租率上的体现。近年来这个数字在逐年下降。图 2 是一张 2004 年以来星级饭店出租率同比曲线图。从中可见酒店每年淡、旺季的月份大致相同，但历年同比的月出租率都在下降。

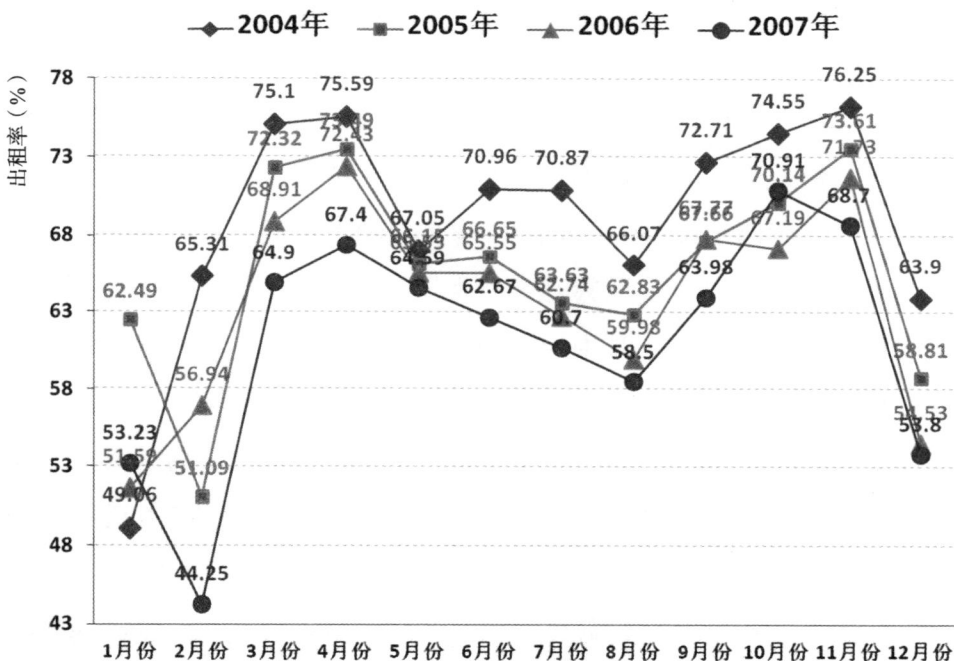

图 2 2004 年以来星级饭店出租率同比曲线图（图中数字单位为 %）

导致绝对量上升的同时相对量下降的主要因素有两个：一是客房供应的无序增加直接摊低了酒店的平均客房率（我们已在其他场合分析过这个问题，此处不再赘述）；二是潜在需求部分外移减缓了过夜人次的上升幅度，间接导致相对量下降。近年来有一部分潜在需求由于市场或非市场因素外移。例如，酒店房价递增幅度大形成住宿成本上升快，使部分原打算在上海过夜的旅游团队改为中转而不住宿，甚至飞过上海而选择其他地点入境；一些承受力有限的会议改在上海周边或其他城市召开。又如，为支援北京奥运，有些可在上海也可在北京举办的会议和活动移师北京。

（二）结构方面，商务会展比重在逐步增加的同时其内部金融商务的比重出现快速上升趋势

上海进入 21 世纪后客源结构发展的基本趋势是商务会展比重相对于旅游团队而言逐步增加。近来在这一趋势不变的前提下商务会展内部又发生分化，其中金融及相关商务的比重相对于一般会展在快速上升。形成新变化的原因，一是 2006 年 11 月我国对 WTO 承诺的金融开放过渡期结束后国外金融机构企业的大量涌入，使上海大为受益。金融业涵盖银行、证券基金、保险业务、会计事务、要素市场、期货市场等众多分支。其中仅银行一项，2006 年 11 月后首批设立的 12 家独立法人外资银行有限公司中就有 9 家的总部设在上海。二是外移出去的潜在需求，无论是源于房价还是支援奥运，均以展览会议团队和中型以上活动为多，从而形成展会与中大型活动的数量虽然增加，但升幅（相对于金融商务）则相对缓滞。

上述特点和因素使上海酒店经营者这一两年来直接感受到的影响是：1. 经营压力增大。对多数酒店来说，与前几年相比，除旺季略感舒缓，年内的多数时段销售压力增大，总体出租率下降；2. 价格的坚挺性受到动摇。与前几年相比，除五星级受金融商务细分市场快速增长的支撑房价尚能维持不变或有所上升（但升幅已大大减小，并间或伴随出租率下降）外，其余酒店的价格或多或少都在滑落。

由于上述特点和因素的继续存在，上海市场中这一相对低缓的状况预计会持续到 2008 年 7 月前后。

二、以奥运为起点的奥运—世博间期高峰

随着 2008 年 8 月奥运的召开，上海酒店市场相对低缓的局面有望结束，一轮可能持续到 2010 年 10 月的需求高峰（我们称之为奥运—世博间期高峰）会继之而来。奥运可能是由相对低缓到持续高峰的需求变化的拐点。

（一）间期高峰存在的理由

预测奥运—世博间期高峰的理由有四：一是奥运的参赛观赛群体是巨大的潜在客源。历届奥运观众都有赛前赛后旅游的习惯。1988 年的汉城奥运曾给当时的上海旅游市场带来瞬时的客流冲击。此次奥运的地点在中国，上海是重要的出入口岸，又是足球赛场之一，过往留夜的客流量可想而知。二是奥运期间房价飙升使境外常规旅游团改走他线，上海可能从中获益。据悉北京奥运时的平均房价是目前的 2.4~2.6 倍，一些欧美旅游组团商出于成本原因正在筹划京外的替代路线，上海为或选之地。三是奥运后世博前的需求回聚。奥运结束后国内外对中国大事件的关注重心转向世博，一个与奥运前潜在需求外移反向的趋势，即潜在需求的回聚可能发生。随着由举国上下筹奥运转为举国上下筹世博，一些举办地两可的展会与活动会倾向于落在上海，从而形成可一直持续到世博的需求与客源的汇聚。四是 2010 年 5 月至 10 月的世博会将使上海成为届时客流汇聚的中心。

（二）间期高峰的特点分析

1. 从量上看，奥运—世博间期高峰呈现的是一段从低平点瞬间跳跃到高峰点，而后回落到持续高平，再上升到持续高峰的流量曲线。这条曲线起始于 2008 年 7、8 月间，届时奥运的启动将使经历了一年多相对低平走势的上海酒店市场需求量骤然猛增；之后，随

着20天奥运的结束和注意力中心的转移，奥运的客流高峰虽然回落，但世博前的需求回聚会继之而起，从而使需求流量持续维持在一个较高的水平；2010年5月揭幕的世博将再把客流推上一个持续半年之长的新的高峰。

2. 从结构上看，奥运—世博间期高峰将经历一个从休闲观光比重快速猛增到商务会展比重持续增大，再到休闲观光与商务会展并重的变化过程。在间期高峰的初期由奥运形成的需求冲击波中，过往留夜的参赛观赛群体以观光休闲成分为多，回避房价选走上海的也主要是旅游团队，因此休闲观光的比重会骤然增大。随后，从奥运结束到世博举办前一年零八个月的间期高峰中期，除上海本身常规发展的客源中商务会展尤其是金融商务在逐步增加以外，回聚的潜在需求也会以大中型活动和展会为多，因此这段时期客源结构中商务会展比重会快速、持续地增大。最后，在作为间期高峰后期的世博会期间，商务会展的集聚达到高峰是不言而喻，同时又会有大批量的休闲观光者来造访，形成商务会展与休闲旅游交叉汇聚的并重局面。

三、酒店的应对措施

（一）审时度势，正确编制预算

目前正值2008年度预算的编制期。准确的预算对于指导酒店的全局安排、推动销售和营运至关重要，而其基础是对下一年以至中期（三两年内）的市场走势有一个正确的判断。2004年曾出现部分酒店在2003年下半年编制预算时受SARS影响做得过低而实际营收高幅超过预算的情况；2006年又出现多数酒店（尤其是一些国际品牌酒店）由于2005年业绩较好预算编得过高而不得不在年中大幅调整的情况。究其原因概为过多借鉴了预算编制当年（即年度预算前一年）的情况而对来年与中期的市场走势缺乏细致研判所致。因此，审时度势研判走势对提高预算的精确性尤为重要。

（二）理性竞争，增强营销能力

机遇对每个市场成员是平等的，且又与挑战并存。随着奥运—世博间期需求高峰的临近，酒店市场的客房供应量也在猛增。新加入者中小部分在尝试开辟新的细分市场（或亚细分市场），但多数不脱窠臼，会参与老蛋糕的分配。现存酒店由此感受的同质竞争压力会更大，应有精神准备。小不忍则乱大谋，思长进者切忌恶性拼杀。应立足中长期，在稳定心态基础上扬长自己，提高自我营销意识与能力。

（三）适时顺变，调整服务产品

产品的需求导向是成功经营的铁律。无论是眼前的低缓时期还是后续的间期高峰，酒店经营者均应努力探究和把握潜在需求和客源结构的变化走势，先期对自身服务产品做出调整，方能抢在市场前头，在竞争中脱颖而出。

附补充参考数据图：

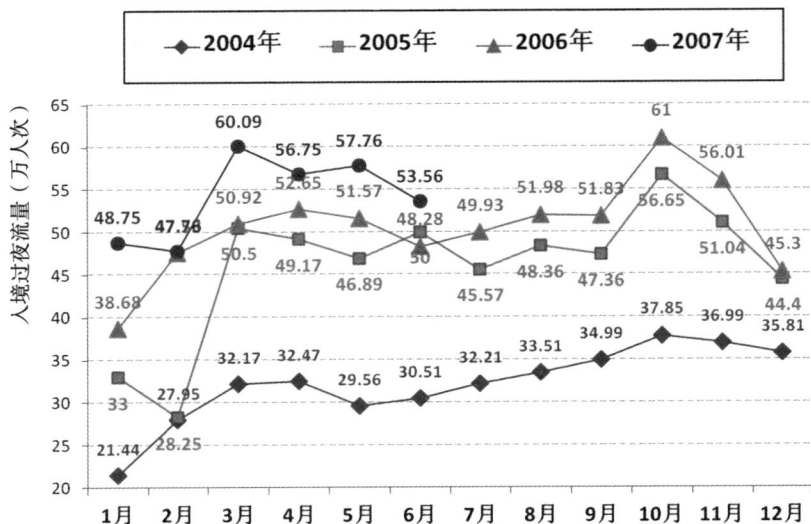

附图1　2004年来以月计算的入境过夜流量（数字单位：万人次）

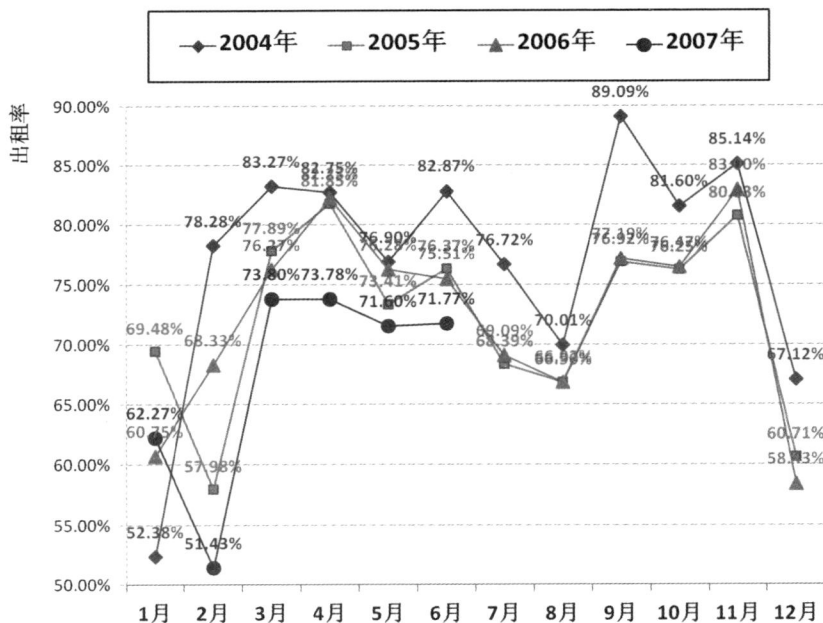

附图2　2004年以来五星级饭店出租率以月为单位比较

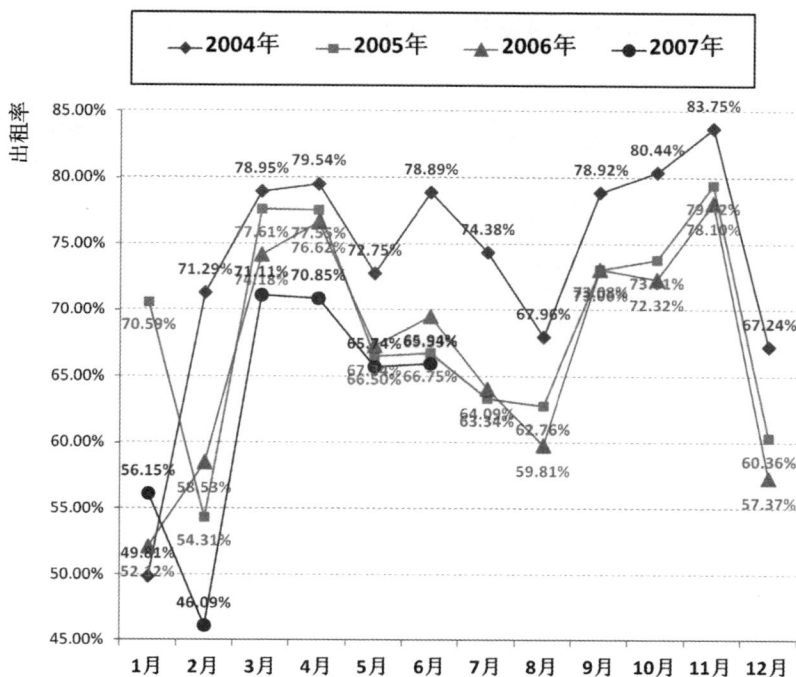

附图3 2004年以来四星级饭店出租率以月为单位比较

附表1 2007年1—8月份饭店的平均出租率及其同比增幅

	2007年1—8月份	2006年1—8月份	同比增幅
星级饭店	59.47%	62.77%	−5.26%
五星级	66.66%	71.99%	−7.40%
四星级	62.41%	64.80%	−3.69%

附表2 2007年1—8月份饭店的平均房价及其同比增幅

	2007年1—8月份	2006年1—8月份	与2006年同期相比增幅
星级饭店	645.81元	615.89元	+4.86%
五星级	1385.02元	1358.50元	+1.95%
四星级	641.45元	651.30元	−1.51%

附表3 2007年1—8月份与2006年同期相比饭店 RevPAR 增幅

	与2006年同期比出租率增加（百分比）	与2006年同期比房价增加（百分比）	与2006年同期比RevPAR增幅（百分比）
星级饭店	−5.26%	+4.86%	−0.40%
五星级饭店	−7.40%	+1.95%	−5.45%
四星级饭店	−3.69%	−1.51%	−5.20%

2009—2010 年上海酒店市场分析预测

2009 年 2 月

一、2008 年市场回顾

（一）入境旅游人数回落，外国人市场相对萎缩

2008 年上海接待入境旅游者 640.4 万人，比 2007 年的 665.6 万人减少 3.79%；这是 2003 年"非典"以来入境旅游人数的首次回落（见图 1）。

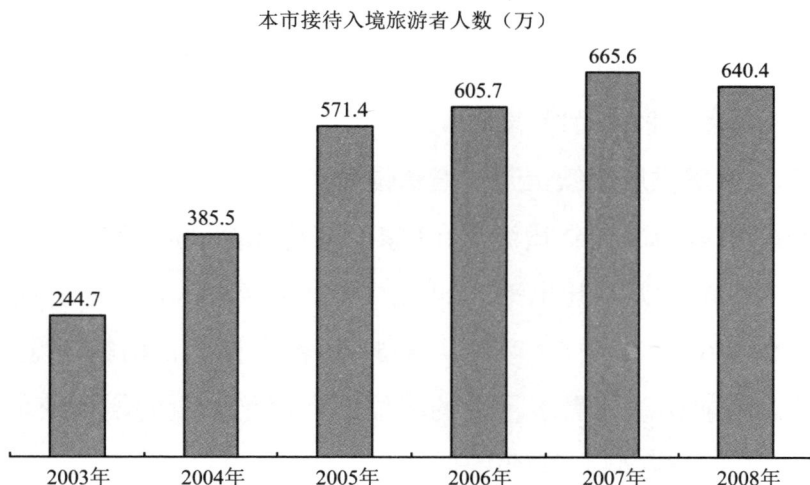

本市接待入境旅游者人数（万）

图 1　上海 2003 年以来接待入境旅游者人数

入境旅游者中，在沪过夜者526万，比2007年520万增加1.23%。增加部分主要来自我国港、台两地（分别增加了12.69%和7.94%）；外国人过夜者为441.6万，比2007年减少0.22%。很明显，入境过夜人数虽微量上升，但外国人市场则相对萎缩（见表1）。

表1　2008年入境过夜的同比情况

	2008 年	2007 年	同比增幅
过夜总人数	5264727	5200981	+1.23
过夜外国人	4416223	4426148	−0.22
过夜香港同胞	363247	322351	+12.69
过夜澳门同胞	15575	17363	−10.30
过夜台湾同胞	469682	435119	+7.94

（二）外省来沪者微量增加，有组织旅游者相对减少

2008年外省来沪旅行人数为7800万，比2007年7766万增加0.4%；其中，通过旅行社组团和接待的人数分别为932.2万和761.3万，比2007年分别下降3.37%和3.99%。表明有组织旅游的比重有所下降。与多年来的持续增长相比，总体需求明显萎缩。

（三）客房供应继续上升，增长幅度有所回落

2008年高端市场新增酒店13家、客房4698间；相对于年初估计的11326间，实际开出率41.4%；与2006年新增19家酒店5901间客房和2007年新增23家酒店8351间客房相比，增幅明显回落。然而考虑到前述总体需求量上的减缩，客房绝对量的增加使前两年累积的供余状况在原有基础上进一步扩大。

（四）2008年的酒店经营状况

1. 出租率继续下滑，高端酒店跌幅加深。2008年星级饭店平均出租率 55.44%，比 2007 年 61.48% 下降了 6.4 个百分点，幅度为 9.82%。其中五星级酒店和四星级酒店出租率分别为 59.89% 和 55.42%，比 2007 年分别减少 8.34 个和 8.23 个百分点，下降幅度都在 12% 以上（见表 2）。值得注意的是，五星级出租率多年来首次跌破 60% 大关。这是由于 2008 年的高端市场在总体需求量减缩的同时客房绝对量有所增加使近年累积的供余状况进一步放大所致。

表 2 2008 年酒店的平均入住率及其同比情况

	2008 年（%）	2007（%）	同比增幅（%）
星级饭店	55.44	61.48	−9.82
五星级	59.89	68.23	−12.22
四星级	55.24	63.47	−12.97
三星级	51.96	56.89	−8.67
二星级	55.56	57.37	−3.15
一星级	60.49	65.93	−8.25

2. 高端市场价格回落，与中档市场的剪刀差趋小。2008 年星级饭店平均房价 658.37 元，比 2007 年 668.06 元仅回落了 1.45%。但细分来看，高端市场的跌幅较大：五星级从 1335.79 元到 1233.06 元，跌幅为 7.69%，四星级从 648.09 降到 618.45 元，跌幅为 4.57%；与此相比，中端市场却相对稳定，房价几乎没有什么大的变化：三星级从 325.52 元到 324.46 元仅回落 1.06 元，幅度为 −0.33%；二星级从 211.82 元到 211.89 元上涨了 0.07 元，幅度为 +0.03%（见表 3）。这表明 2008 年内对旅游市场发生作用的一些因素（如奥运安全防控措施、金融危机等）使酒店市场客源结构发生了与此前反向的变化：外国人和高档商务（尤其是金融商务）市场缩减，而本地和内需市场在 2008 年内未受到大的影响而比重相对有所增加。

表3 2008年酒店的平均房价及其同比情况

	2008 年	2007 年	增幅（%）
星级饭店	658.37 元	668.06 元	−1.45
五星级	1233.06 元	1335.79 元	−7.69
四星级	618.45 元	648.09 元	−4.57
三星级	324.46 元	325.52 元	−0.33
二星级	211.89 元	211.82 元	+0.03
一星级	105.26 元	153.87 元	−31.59

3.酒店效益普遍下滑，出现相当数量的经营亏损。出租率和房价两项指标的低落导致酒店 RevPAR 普遍下滑（见表4）。2008年，大部分酒店的客房部分没有完成预算，相当一些酒店靠餐饮收入做大来补填客房的指标。其中约 1/5 2008 年出现经营性亏损。

表4 RevPAR2008 年与 2007 年的同比情况

	2008 年	2007 年	增幅（%）
星级饭店	365.00	410.72	−11.13
五星级饭店	738.48	911.41	−18.97
四星级饭店	341.63	411.34	−16.95
三星级饭店	168.59	185.19	−8.96
二星级饭店	117.73	121.52	−3.12
一星级饭店	63.67	101.45	−37.24

二、平均房价的可能走势

（一）客源结构变化是影响市场价格的主导因素

影响酒店市场价格的因素很多，客源市场结构变化是个主导因素，因而研判 2009 年、2010 年的房价走势有必要从此前客源结构变化轨迹和近期变化趋势入手进行分析。

进入 21 世纪尤其是 2001 年 APEC 会议后，上海酒店客源市场的结构一直在发生变化。其大致的方向是：旅游观光团队的比重相对缩减（虽然其绝对量在增加），商务会展和散客的比重逐渐增大；两者的消长幅度为每年 3~5 个百分点。由于旅游观光团队在酒店的消费一般仅限于客房（早餐包含在房费中）且房价较低，而商务会议和散客除房费较高外，对其余各项设施（如餐饮、会议、康健等设施和卖品部）也多有消费，因而与上述客源结构比重变化相关联，酒店平均房价逐年上升。高星级酒店的上升趋势更加明显（见图 2）。

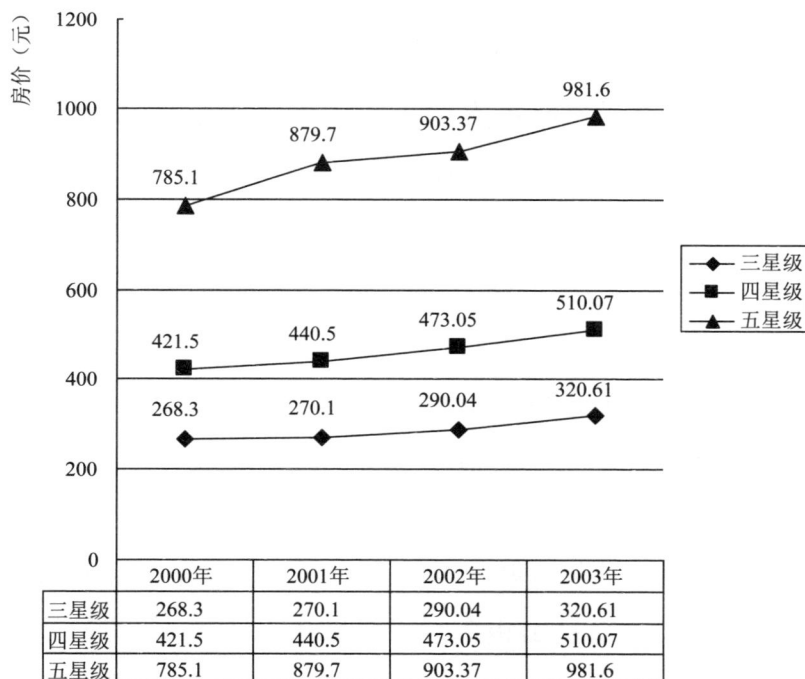

	2000年	2001年	2002年	2003年
三星级	268.3	270.1	290.04	320.61
四星级	421.5	440.5	473.05	510.07
五星级	785.1	879.7	903.37	981.6

图 2　2000—2003 年三星级以上饭店房价

（二）金融商务消长是五年来高端市场价格起落的驱动因素

2004 年后客源结构演变出现了新的特点：在比重不断增加的商务会展和散客板块中，金融及其相关商务细分板块又异军突起快速增大起来。所谓金融及其相关商务涵盖传统银行、投资银行、证券、基金、保险、会计事务、期货市场、要素市场等众多业务，其比重快速增大与我国入世后的金融缓冲期临近到期有关：世贸组织规定我国金融业入世后可以有五年的缓冲，在此之后则必须全面放开；然而虽然缓冲期的结束时间应该是 2006 年 11 月份，但实际上许多国际金融企业和机构为能争取更多市场份额都已提前进入国内打前站做准备，有的甚至变相地开展实质业务，而这些金融商鳄进入中国后的营运和活动重心又大都放在上海。这就导致上海酒店市场中的国际金融商务客源在 2004 年下半年后快速膨胀。众所周知，金融商务客源是酒店中档次最高支付能力最强的一个层级，是豪华酒店消费族群中的贵族；金融商务在总体客源结构中比重快速增长的直接结果便是高档酒店，尤其是豪华酒店的价格被急速抬升：2003 年上海五星级酒店平均房价在 1000 元以下，为 981.60 元；2004 年冲入四位数线，跃到 1177.21 元，增幅为 19.93%；2005 年又达 1362 元，幅度为 15.70%；2006 年 1406.43 元，为近年来的顶峰。值得注意的是，在 2004—2006 年，高档、豪华酒店的客房存量也在快速增加，年增速均在两位数之上，市场供应逐渐由紧缺向供余转化，酒店平均出租率因而逐年下降。在这一环境下，豪华酒店房价不跌反升，而且升幅大大超过出租率的下跌幅度，不可不谓是奇特现象。其个中原因便是金融及其相关商务的快速增长顶撑了豪华酒店房价使然。

2007 年情况发生变化，房价走势出现拐点。这年春天以新世纪金融公司破产为标志的美国房贷泡沫露出水面，8 月份发展为波及全美的次贷风暴。这场与金融直接相关的危机当时虽然没有直接波及国内经济，却大大削减了上海酒店市场中源自北美的金融及其相关商务活动的住宿需求量，使客源结构中金融商务比重本可继续扩大的趋势受到抑制，酒店房价因此失去了进一步爬升的支撑力；再加上这一年高档豪华酒店客房创纪录地新增 8351 间，市场供余扩大的压力第一时间波及出租率并迫其下调，然而当出租率行至临界仍不足以消化供余时，下行压力便被传导到房价上并迫其下调。在客源结构和供求关系两维负压的叠加作用下高端酒店的价格趋势开始逆转：2007 年五星级年均房价 1335.79 元，比 2006 年下降了 5.02%。

2008 年高端市场价格进一步跌挫：五星级年均房价 1233.06 元，比 2007 年又下降 7.69%，原因同样与金融商务结构比减缩有关。这一年有诸多因素影响了酒店业，使之经营困难，效益下降，但这些因素对出租率和房价变化所起的作用是各不相同的：年初大面积雪灾和 5 月份汶川地震破坏了交通基础设施，阻断了国内许多地区的旅游和旅行活动；此外，还有一些国际因素都对 2008 年上海酒店市场的住宿需求量产生了负面影响，因而是导致全年出租率同比下降的充分条件；然而在房价大幅下降中它们的作用却不是主导性的（相反，在年初雪灾影响和 8 月份奥运安全防控措施作用期间上海酒店价格的下降幅度却是全年最小的）（见图 3）。在房价跌挫中起主导和决定作用的是两个在时间和逻辑上先后联系、与金融行业密切相关并对其造成直接冲击的国际因素，即断续作祟的美国次贷危机和由其演变成的全球金融风暴的影响。特别是 9 月份爆发并延续至今的金融风暴，它对上海酒店市场造成的影响是：在急剧减少入境游客和商务人士（因而也是造成平均出租率同比下降的充分条件）

的同时，减少了 70% 以上源自境外的会展商务，尤其是金融商务活动，并迫使尚存的金融商务需求主体在削减机构人员与不必要活动的同时下调在酒店的商务消费能级。（如危机发生后的大摩、高盛等公司，对必须商务活动中使用的酒店由一概五星改为普通员工限住四星、由人皆单间改为两人一间、由听任酒店一口报价改为与酒店讨价削价）。其结果是金融商务在市场客源结构中的比重急剧回缩和高端酒店价格的大幅回落。可见金融危机的影响在 2008 年上海高端酒店房价跌挫过程中起着主要作用，是这一过程发生的充分必要条件（见图 3）。

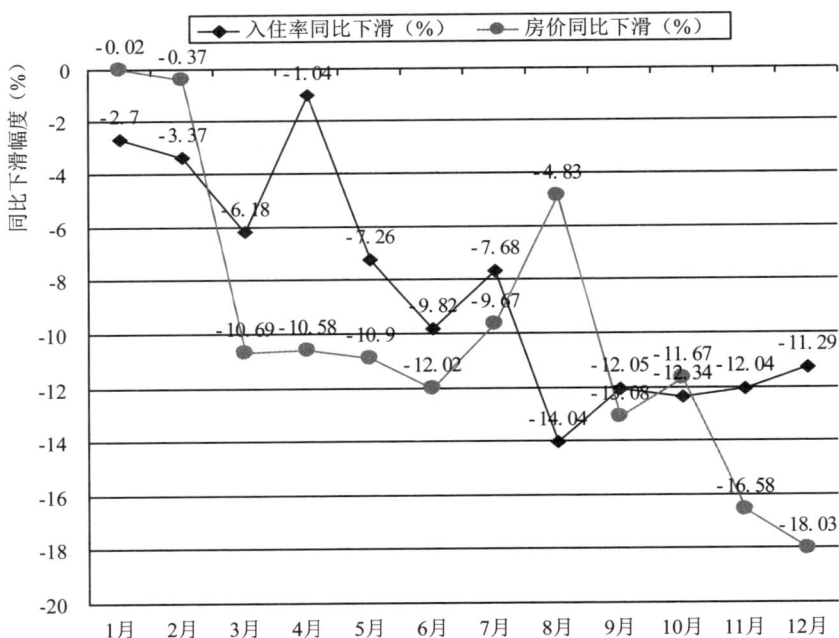

图3 2008年各月份出租率、房价同比下滑比较

值得注意的是，在高端酒店价格随金融商务影响而起伏的同时，中低档酒店的价格却相对平稳，几乎没有什么波幅：2003—2008

年，三星级酒店的平均价格保持在 320~334 元，二星级则在 210~220 元（见图 4）。究其原因，与其以内需市场为主及与国际金融商务的关联度低不无关系。

图 4 2002—2008 年二、三、四、五星级酒店平均房价走势

综上所述，纵观近年酒店市场客源结构变化和价格轨迹可见，"成也萧何，败也萧何"，金融商务快速消长是高端市场价格大幅起落的主要原因；同时由于同期中低档价格相对稳定，因而也是影响市场整体价格起伏的主导因素。

（三）运用金融商务结构比演变主导高端酒店价格乃至饭店平均价格波动的思路研判 2009—2010 年的走势

不难看到：2009 年酒店市场平均价格仍将下行。理由是：在国际金融危机尚未见底、其影响向实体经济蔓延，各国政府与民间机构为应对危机而削减开支、减少不必要商务活动，我国将靠促内需来保增长的背景下，外国入境旅游和商务人数会继续减少，酒店客源结构中外需的比重会继续降低，金融及其相关商务的比重会回缩到 2004 年以前的水平；商务需求不仅在量上萎缩，消费能级也被控制在较低水平；高端豪华酒店将不得不更大力度地把销售和营运重心转向内需市场，而这块市场的消费层级也在原有水平上下降。此外，在客房整体供能过剩的压力下高端酒店甚至中端酒店都有可能不得不从早前定位的层面屈尊下就次一级市场。因此可以预计 2009 年平均价格继续下滑势在难免。当然，各类酒店下滑的幅度会有不同：就高端酒店而言，金融贵族消费群体的缺失继续起着对近年形成的价格支撑体系釜底抽薪的作用。虽然政府的内需导向政策会在酒店市场中产生部分高端内需（包括金融商务内需）来弥补国际金融商务的物理缺位，但其对现有价格的支撑作用仍然有限。因为第一，高端内需的消费能级与危机前不可同日而语，已相对有所减弱；第二，高端内需的量虽有一定规模，仍恐不足以填饱总数还在不断增加的高端酒店的整体"饥饿"度；第三，高端内需，特别是源自本地市场的内需，更多地落在对酒店会议和餐饮设施的使用上，客房的使用概率较低。因此高端市场特别是五星级酒店价格跌挫的幅度会比较大，预计会在 15% 以上。至于与金融商务关联度低而与内需市场关联度高的中低档酒店，国际金融危机对其客源结构的影响不是很大，其价格下行的压力（如果有的话）主要来自于酒店价格波动两维因素中的供求关系一维，即中低档市场中的供余状况。由于供求变化机制是先对出租率产生影响再传导到价格上，因此小额供余有可能在出租率下降时被消化而不影响价格；即使供余进一步扩大，由于先期压力已被分摊，传导到价格上时也只是部分和有限的。因此中低档市场的价格下调幅度会比较小，预计在 5% 以内。

2010 年，尤其是世博会期间（5 月 1 日—10 月 31 日）上海酒店市场的价格比较复杂，需区别而论。高端市场价格目前还有不确定性，走势存在两种可能：一种是在高出租率的基础上扬升，回复到 2007 年，甚至升破 2006 年的水平；另一种是在高出租率的基础上滞留，围绕目前水平浮动甚至进一步下跌。两种走势关键的取决因素是国际金融危机何时见底，而主要时间节点是 2009 年中期：

首先，一种可能是：如果国际金融危机能够在 2009 年中期之前结束。那么就会有 2009 年下半年到 2010 年上半年持续近一年时间国际商业信贷等的信心调整、培育与恢复，2010 年下半年就有可能出现国际商务特别是金融相关商务活动在中国市场上一定规模的复苏（这种复苏既是量的重新上升，也是消费层级与能力的逐步复原）。届时的上海酒店市场正面临世博会时期大量游客形成的高住宿需求压力，复苏过程中的金融商务在市场总体客源结构中的比例可能不会上升，甚至会表现出下降；但在客房供应相对紧缺而又存在着这块高支付能力的需求群体的情况下，豪华酒店价格完全可以被大幅抬升上去，直到金融商务需求能够承受的极限为止。

其次，另一种可能是：如果国际金融危机延续到 2009 年下半年以后才见底。那么留给国际商业信贷与消费信心的调整培育时间就十分有限，世博会可能等不到国际高端商务特别是金融商务的规模复苏。届时上海酒店市场虽然有较大的住宿需求存在，但其构成绝大部分源自国内商务和旅游市场，小部分来自国外观博旅游市场（也不排除国外消费层级已经下降的必要商务活动）。由于国际高端商务特别是金融商务活动依然缺失和国内高端商务（包括金融商务）消费能级的降低，豪华酒店虽然可以将其客源目标锁定在市场的顶端部位（而不必去抢食中端市场），却恐怕还是难以将价格推升到2007年的水平。此外，从更坏的情况考虑，如果国际金融危机的见底时间后延到世博会前夕，甚至世博会期间仍未见底，那么毋庸置疑，届时豪华酒店的价格存在着继续下行的压力。

至于传统以内需市场为主的中低档酒店，由于世博会期间的住宿需求是以国内参观者为主，且市场存在着供应紧缺的压力（我们后面将会分析到这两点），房价将表现得比较坚挺，肯定是在最近这几年的最高水平之上。

三、平均出租率的可能走势

（一）供求关系是影响出租率的主要因素

前已述及，酒店市场中影响价格变化的有两维因素，即客源结构和供求关系。客源结构是直接因素，其变化直接作用于酒店价格；而供求关系则是相对间接因素，它是第一时间影响出租率之后再传导到价格变化的。而在这里分析出租率走势的时候，供求关系及其变化趋势则是直接和主要的因素，是我们关注的重点。此外，酒店市场的供应与需求，既有一般供应与需求的共同点和规律，又有其特有的特点和规律。这个特点和规律表现在：酒店市场的需求量是敏感活跃、大幅起落和多向变化的，它会由于某一貌似偶然事件的发生而突然大幅上升（如2002年年底上海申办世博会成功带来商务会展需求的发展）或因某个始料未及的因素而突然大幅跌落（如2003年SARS的出现和此次国际金融危机的冲击）；而酒店市场的供应量相对于需求则是稳定、迟滞和单向变化的（从投资方发现需求后决定建造酒店到酒店建成形成实际的客房供应至少需两年时间；而酒店一旦投入使用就将滞留在市场中相当长时间，不会马上关闭或改作他用；因此酒店市场中的客房绝对量大都是只增不减，是单向变化的）。这对我们研判 2009 年和 2010 年的供求关系非常重要。

（二）2009 年的供余发展及出租率下行走势

2009 年的平均出租率将延续 2008 年的下行走势，幅度在 5%~10% 之间。原因是：（1）从需求侧看，受国际金融经济危机影响，年内大部分时间段外需会继续减少，表现在酒店市场中入境过夜量会同比减低。国家促内需的决策不失为填补外需缺失保持经济增长的良方，但其作用在住宿市场中的充分实现需假以时日：这不仅是因为内需从着手拉动开始到实际形成能够补足外需的经济量非三五个月不能见成效，而且是由于内需经济量中的住宿消费比重要明显低于同等量外需，以至于在酒店市场产生出相当于外需的同等住宿消费量需要更长的时间。因此年内多数时间段会出现酒店住宿市场中外需严重不足而内需尚未拉动起来或虽有拉动但量不到位的状况，以至于全年需求总量上升的可能性不大；即使有上升幅度也较小。（2）从供应侧看，年内上海市场中酒店客房的数量还会继续增加。这是由于：一方面，会有一批高档豪华酒店投入市场，客房数约在 4754 间（具体为：银湖索菲特酒店 368 间、世博村洲际酒店 398 间、闸北洲际酒店 533 间、璞丽酒店 229 间、哈瓦那大酒店 686 间、裕年万怡酒店 450 间、西藏大厦万怡酒店 364 间、金钵华美达酒店 541 间、银星皇冠假日酒店新翼楼 88 间、上海大酒店王宝和二期 353 间、滨海皇家金旭酒店 300 间、朱家角皇家郁金香酒店 197 间、半岛酒店 247 间）；同时经济型酒店仍会以较快速度发展，增量大约在 1 万间（如 ×××× 2009 年在上海区域拟再新开 10 家连锁店，增幅为 16.9%。其他经济型连锁品牌均有类似的扩充计划）。另一方面，尽管经济危机对酒店，尤其是高档豪华酒店冲击巨大，但存量酒店成批关闭退出市场的可能性不大，至少目前还没有这方面的迹象（2008 年长宁区曾有一家号称四星的酒店因经营困难而关闭，原本盛传要改作写字楼，但几个月后还是以汉庭连锁酒店面目出现，仍然停留在住宿业的总盘子中）。综上所述，2009 年上海酒店市场的需求总量可能减而不增，而供应总量却可能增而不减；因而供余扩大的可能性极大，出租率下调在所难免。

（三）2010 年世博会期间的需求高峰和出租率满负荷的压力

2010 年的情况与 2009 年有所不同：住宿市场需求总量可能因为世博会的举办而激增，使 5—10 月份及其前后一段时间市场供需之间的量比关系向供缺方向发生急剧变化，从而影响出租率大幅升涨，并拉高全年的平均出租率。

关于世博会期间的住宿需求，普遍认为会有一个高峰，但究竟有多少，还缺少一个量的概念。因此，我们尝试以专业机构提供的相关数据为依据来推演分析，并结合实际变化进行修正研判，以供参考：

国际知名市场调查机构盖洛浦、AC 尼尔森公司等预测，世博会7000 万人次中中国境内参观者占到 95%，境外（含港、澳、台）为5%。国家统计局及其上海调查总队在 2007 年 4 月的《中国 2010 年上海世博会 2006 年度国内参观者意向调查报告》（以下简称《调查报告》）中，又以城镇居民人均收入增长幅度和对世博会的认知程度两者为参数对国内参观者规模进行了预测，认为有三种可能，即保守估计 3511 万人、4204 万人次，稳妥估计 5427 万人，6361 万人次，乐观估计 7021 万人，8173 万人次，其中稳妥估计的可能性最大。同时，对国内参观者地域分布、拟在上海逗留时间、是否留夜住宿以及选择何种住宿方式等也提供了相关数据。根据《调查报告》，以稳妥估计 5427 万人和外地参观者人均停留 3.7 天为条件，可以计算出世博会期间国内游客日均住宿需求量为 69.9 万个床位。如果加上境外参观者按同样比例计算出的 6 万多个床位，参观者总住宿需求量是 76 万个床位。而世博会期间上海地区的供应总量，按有关部门统计预测，为 54 万个床位。这样一来世博会期间上海住宿市场会出现日均 22 万个床位的供应缺口。当然，这个供缺的解决方案已经有了，即可依托长三角地区 2 小时车程内 36 万个床位的住宿资源来解决。其原理好比是 54 万容量的大水桶放置在水池中，承接的雨水未满 54 万时会留在桶内，而超过 54 万的多余部分会溢出来由池子承接。但就上海地区来说，6 个月 184 天的供缺状况势必造成同期出租率的高位升涨。

当然也有人提出疑问:《调查报告》是在两年前完成的。两年内的变化尤其是全球金融危机的爆发难道不会对世博会的目标人次以及与其相应的高位住宿需求和出租率产生影响？还有人提出 3.7 天的人均停留时间过长，切合实际的应该是人均两天。这两种质疑都有道理，因此不妨根据它们来修正一下计算条件并推演结果。首先，如果将人均停留时间改为两天，在其他条件不变的情况下，国内游客的日均住宿需求量是 37.8 万个床位，外加以相应比例算出的境外游客住宿需求 3.2 万个床位，总需求为 41 万个床位。如果供应量还是 54 万个床位，整个市场平均出租率便是 75.9%。这种情况下，长三角的后备资源虽然不一定用上，但上海地区的出租率仍然是属于高位的。其次，再来看金融危机的影响和作用：金融危机虽然是全球性的，但其影响从国内来看主要表现在外需急剧减少，而对内需和民众消费信心的影响不是很大。尽管如此，我们还是把对国内游客的预测数调低一档，即取《调查报告》中的保守数值 3511 万人、4204 万人次，并把境外参观者降为零。以此为基础计算，世博会期间参观者住宿需求量就不是 76 万个床位 / 天，而是 40 万个床位 / 天。如果供应总量仍是 54 万个床位不变，那么平均出租率仍可达到 74% 的高位；而实际上危机除了对需求侧有影响外对供应侧也会有影响，即部分计划开业的酒店可能由于资金链等原因而推迟，从而使预期的客房增长步伐放缓，导致会期供应总数不足 54 万个床位而是更少；在这种情况下，平均出租率就不止 74% 而是更高。另外，《调查报告》对国内参观者规模的预测是依据以收入增长和对世博会认知为基础的民众意愿，没有掺进以行政力组织民众参观的因素。考虑到我国递交给国际展览局的注册报告中确认了 7000 万参观人次的目标，而中国政府在国际上向来是信守承诺的；因此，如果这个目标因金融危机或其他市场因素干扰不能完成，不排除政府采取各种措施组织民众参观予以补救的可能。因此金融危机可能会使境外参观者少于预期，但差额空缺一定会由有组织的国内参观人数填补上去。7000 万的总目标仍然会实现，问题只不过是外国游客比例减少而国内游客比例增加多少而已，落在上海住宿市场的压力仍然是大的。总之，无论基于哪种可能，世博会期间上海的住宿需求量都会保持在高位，出租率满负荷现象以及长三角住宿资源的动用仍是不可避免的。

四、酒店业应对当前危机的策略调整

面对金融危机导致的市场环境改变，酒店企业有必要在不改变主体定位的前提下实施策略调整，以应对变化，求得逆势中的生存和危机后的发展。策略调整涉及三个方面：

（一）销售模式的策略调整

在外需急剧萎缩和内需逐步增大的市场环境下，酒店销售的传统套路和主导模式可能会难以适应和发挥作用，以外需为主的国际品牌酒店尤其如此。此时顺应变化快速调整销售模式（包括销售方向、销售渠道、销售力量配置和销售方法等）显得尤为必要，非此不能掌握市场主动。此处以两家国际品牌酒店的成功为例：××××酒店常年依托集团预订系统和积分奖励系统输送吸引客源，其量可达间/夜总数的 40%~50%，本店销售团队只需在此基础上稍加努力便可获 70%以上的客房率。危机使来自集团系统的预订急剧下降后酒店即刻将重点转向本土市场，建立与本地各订房网站的链接并配之于激励措施，很快将客房率回升到相对于周围酒店的较高水平。位于南京路步行街的×××大酒店历来依托优越地理位置以国内外高端散客为主打市场。危机造成散客入住急剧下降后酒店及时调整主攻方向到本地会议，并以此为目标调整销售队伍结构，将散客预订人员编入会议营销团队到周边办公楼实施地毯式营销，取得较好效果。

（二）价格政策的策略调整

客源结构急剧变化，价格调整在所难免。然而要注意在应对危机的价格调整中须把握三点：一是价格调整应在市场定位的区间内进行。即以不超出在住宿市场体系中的自身定位为原则。这是企业既顺应当前市场环境，又保持自身形象适应长期发展的需要。如果五星级的酒店冲到了四星级甚至三星级的市场，那么不仅眼前收益受损，危机后也难以恢复自身形象。二是价格调整的幅度要以收益管理原则为依据。要在自身定位的区间范围内，比较房价变化引起出租率变化的各种组合，选择收入最大状态下的房价数值作为调整目标。三是调整后的价格要进行策略包装，以求尽量模糊降价的概念，使客人感觉到实际受惠的同时心目中仍然留存酒店原有形象。策略包装方式多样。可以是名义价格不变（或少变）而增注服务内容（如原来是1800元一间夜含早，调整后原价格内容不变，但增赠一顿商务套餐）；也可以是打包销售（如单日价格不变，但续住3夜可按2夜结算）等。

（三）经营结构的策略调整

供需关系变化和需求结构变化都会引发酒店各项收入的比重消长变化。近两年随着市场供余扩大和平均出租率下滑，酒店营收结构中出现客房比重减缩而餐饮比重增大的现象。以上海国际品牌酒店为例，不管客房与餐饮原来在营收总额中的比重各占多少，2008年度普遍消长（即客房下降餐饮上升）2个百分点以上，幅度最大的××××酒店达5个百分点。2009年由于外需的减少和本地内需的相对增加，这一趋势会更加明显。经营结构适时调整意味着酒店要顺应上述变化，因势利导，根据各自情况适度调整经营重心，以获取尽可能多的综合营收。目前来说可从两方面努力：一是在继续做好客房营销的同时，主动出击和营销非住宿需求市场。据预测上海2009年的结婚新人有13万对之多，婚宴仍是酒店可努力争取的一块巨大市场；此外，2009年餐饮和本地会议也有很大潜力。二是在不影响主体定位的情况下适当调整接待设施和人力配置，提供相应的服务准备。××酒店日前将多余包房打通后改成可分割式多功能厅，既可整体作为小型婚宴或会议场所，又可分割用作多个宴会单间。国际会议中心利用淡季将营业额较少的300平方米酒吧及其屋顶改造出十多间紧缺的宴会包间和VIP客房，不仅新增出了有效营业面积和空间，而且为营收结构调整做好了准备。

后世博上海饭店业面临的挑战与机遇

2011 年 7 月

一、世博期上海饭店业运行状况回顾

（一）出租率呈现高位波动

世博会期间上海饭店的平均出租率实现了历史同期的最高水平。我们可以从 2010 年 5—10 月份星级饭店的出租率与历年 5—10 月份的对比中看出来（见图 1）。

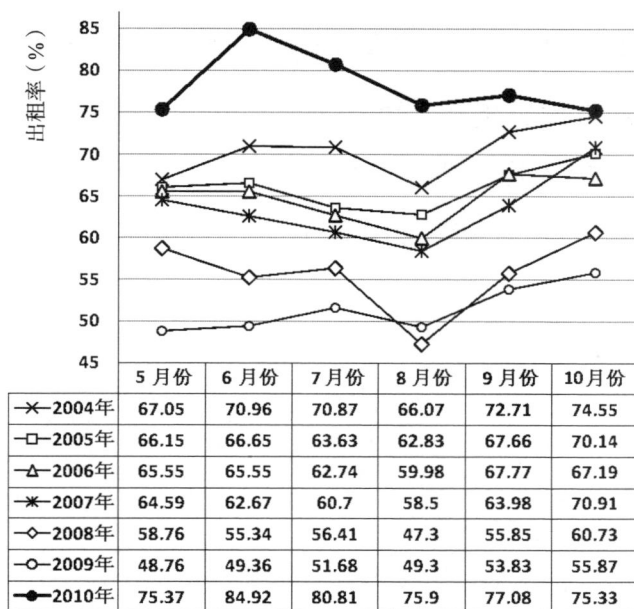

	5 月份	6 月份	7 月份	8 月份	9 月份	10 月份
2004年	67.05	70.96	70.87	66.07	72.71	74.55
2005年	66.15	66.65	63.63	62.83	67.66	70.14
2006年	65.55	65.55	62.74	59.98	67.77	67.19
2007年	64.59	62.67	60.7	58.5	63.98	70.91
2008年	58.76	55.34	56.41	47.3	55.85	60.73
2009年	48.76	49.36	51.68	49.3	53.83	55.87
2010年	75.37	84.92	80.81	75.9	77.08	75.33

图 1　2010 年 5—10 月份星级饭店出租率与历年同期对比（％）

然而，世博会期间的高出租率不是持续稳定、平衡发展，而是通过剧烈起伏表现出来的。

首先从月均出租率看，世博会期间 6 个月存在着明显差异，其中 6 月份最高，7、9 月份次之；5、8、10 月份为低点。总体呈现的是一个不均衡的"M"形曲线（见图 2）。

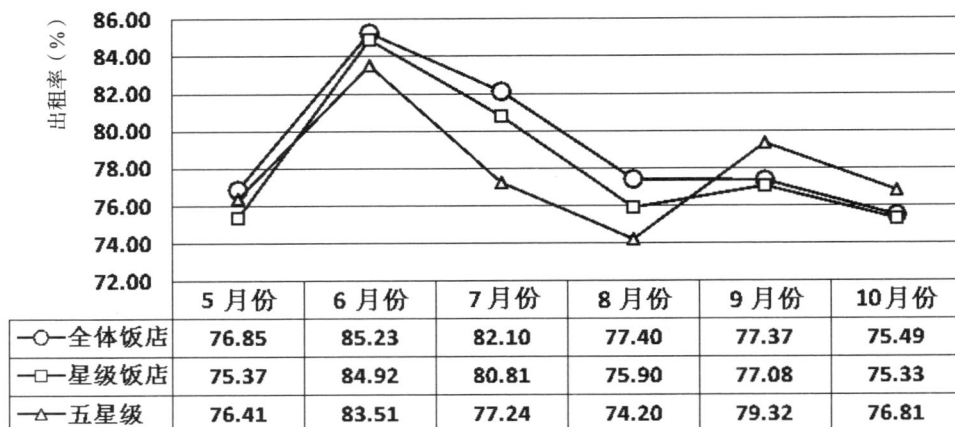

	5 月份	6 月份	7 月份	8 月份	9 月份	10月份
—○— 全体饭店	76.85	85.23	82.10	77.40	77.37	75.49
—□— 星级饭店	75.37	84.92	80.81	75.90	77.08	75.33
—△— 五星级	76.41	83.51	77.24	74.20	79.32	76.81

图 2 世博期间的月出租率呈现的是不均衡的"M"形曲线（％）

其次，从日均出租率看更是大起大落，呈现出以七天为周期的震荡。周期中的高点一般是在周五或周六，而低点往往落在周日或周一。最高的一天是 96%（10 月 16 日），最低的一天是 42%（10 月 7 日）（见图 3）。

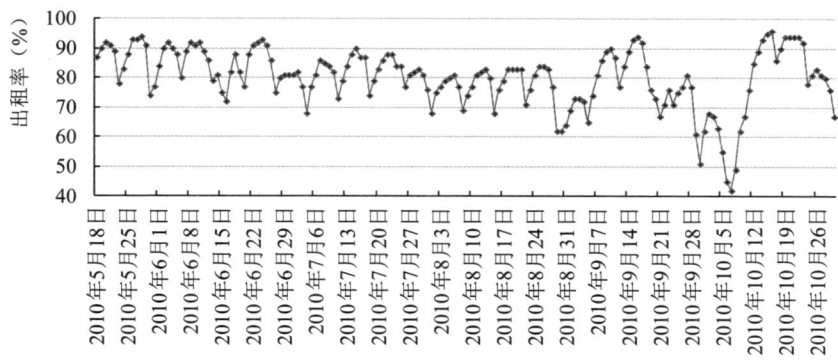

图3　世博期间上海日均出租率曲线图（%）

　　月均与日均出租率的大幅波动表明，在世博会引发前所未有住宿需求的同时，上海酒店市场仍不时有较多的客房空置；即在"供不应求"的背后仍然存在着时段上和结构上的相对供余。

　　此外，如果我们引入世博期间观博团队的峰谷曲线，就可发现它与日均出租率的波动走势大致趋同（见图4）。

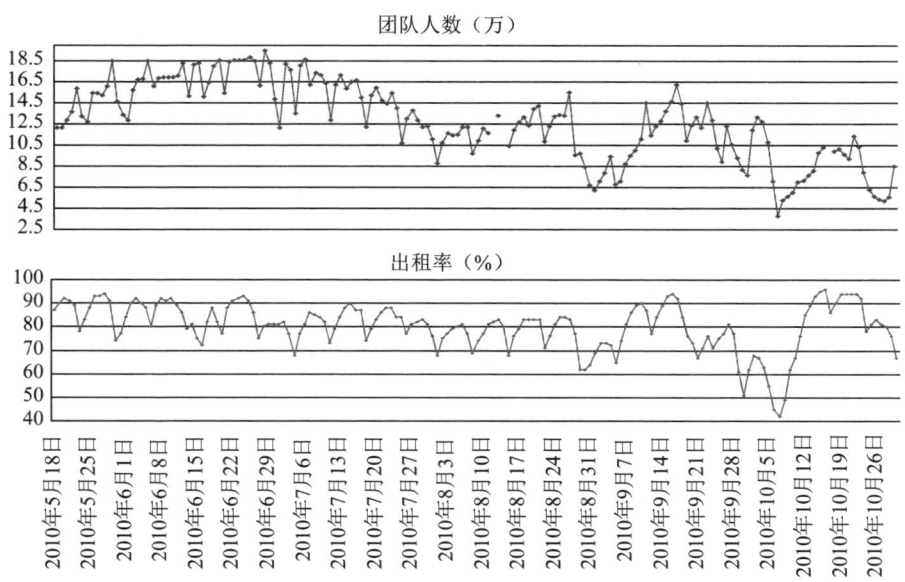

图4　世博期间观博团队的峰谷与日均出租率的波动比较图

日均出租率的波动与观博团队的峰谷曲线大致趋同表明，观博群体在酒店出租率的表现中起着主导作用。

同时，两者大致趋同也透视出世博期间上海酒店的客源结构：涉博游客构成了酒店市场的客源主体，而商务会展的比重则相对缩小。

（二）平均房价呈现差异走势

世博期间上海星级饭店的平均房价达到了近年来的最好水平（见图5）。

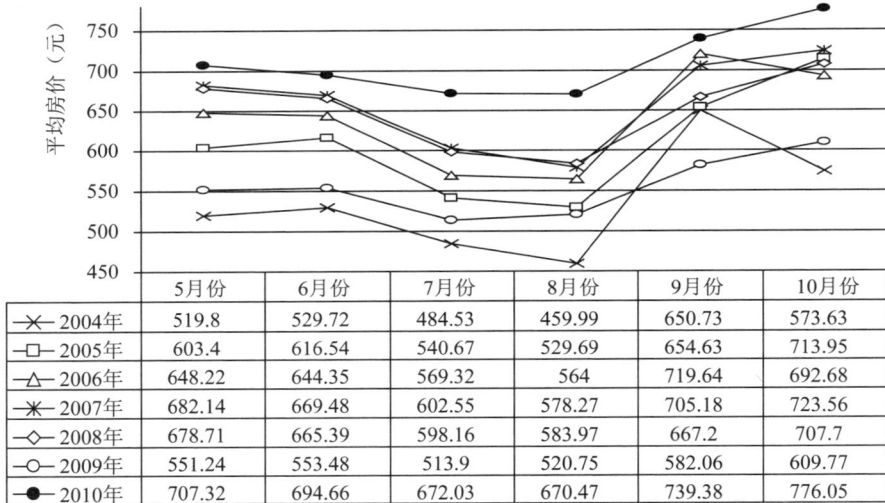

	5月份	6月份	7月份	8月份	9月份	10月份
2004年	519.8	529.72	484.53	459.99	650.73	573.63
2005年	603.4	616.54	540.67	529.69	654.63	713.95
2006年	648.22	644.35	569.32	564	719.64	692.68
2007年	682.14	669.48	602.55	578.27	705.18	723.56
2008年	678.71	665.39	598.16	583.97	667.2	707.7
2009年	551.24	553.48	513.9	520.75	582.06	609.77
2010年	707.32	694.66	672.03	670.47	739.38	776.05

图5　近年来5—10月份星级饭店平均房价比较（元）

然而略做细分即可发现，各档酒店的实际价格表现是不一样的：

中、低档酒店的价格比较坚挺，卖出了历年来的最高水平（以三星级酒店为例，见图6）。

	5月份	6月份	7月份	8月份	9月份	10月份
◇ 2004年	311.92	339.47	329.2	326.62	368.96	346.8
□ 2005年	344.19	349.19	339.64	344.55	354.27	394.63
△ 2006年	337.79	335.64	333.23	334.42	362.09	331.47
✕ 2007年	323.34	335.51	319.84	323.17	330.54	335.46
✱ 2008年	320.08	332.91	331.05	318.36	330.18	321.68
○ 2009年	284.26	296.13	288.63	294.44	309.17	280.78
● 2010年	364.01	378.33	424.02	422.56	431.57	385.2

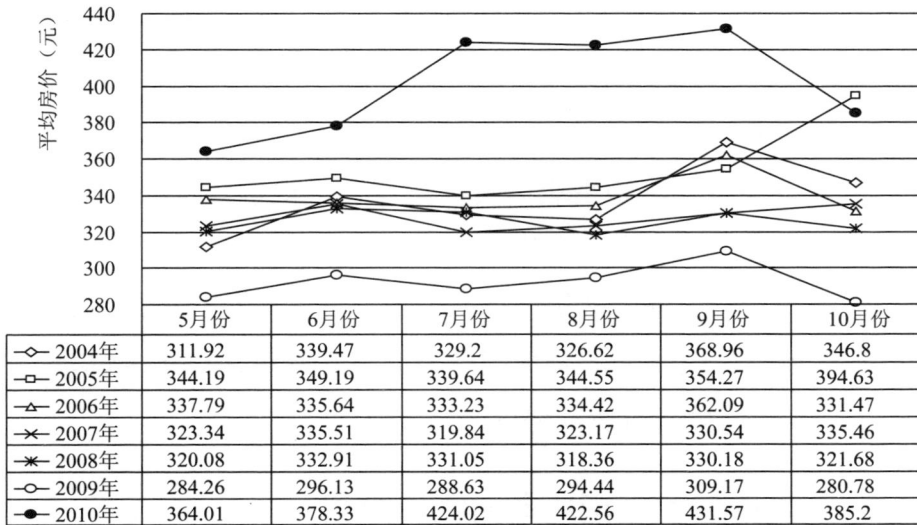

图6　三星级饭店近年来5—10月份平均房价曲线（元）

高端酒店的总体价格却表现平平，没有实现它的能级所能达到的较好水平。五星级酒店尤其如此（见图7）。

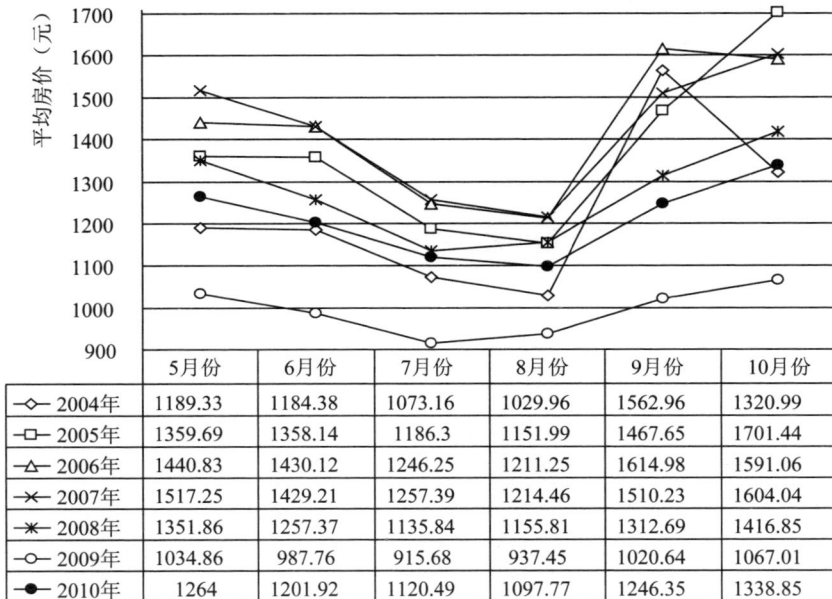

	5月份	6月份	7月份	8月份	9月份	10月份
◇ 2004年	1189.33	1184.38	1073.16	1029.96	1562.96	1320.99
□ 2005年	1359.69	1358.14	1186.3	1151.99	1467.65	1701.44
△ 2006年	1440.83	1430.12	1246.25	1211.25	1614.98	1591.06
✕ 2007年	1517.25	1429.21	1257.39	1214.46	1510.23	1604.04
✱ 2008年	1351.86	1257.37	1135.84	1155.81	1312.69	1416.85
○ 2009年	1034.86	987.76	915.68	937.45	1020.64	1067.01
● 2010年	1264	1201.92	1120.49	1097.77	1246.35	1338.85

图7　五星级酒店近年来5—10月份平均房价曲线（元）

造成这种差异的原因是当时客源市场的总体结构决定了中低档住宿设施的相对紧缺和高端住宿设施的相对供余。如前所述，涉博游客（其中 95% 是国内游客）构成了世博会期间酒店客源的主体，对三星级以下及经济型酒店而言，正迎合了他们传统的目标市场，因而客房显得供不应求，房价被推到了历史的高位；而与高星级酒店相适配的高端商务会展等群体在世博期的客源结构中比重相对缩减。从而使高星级酒店的客房相对于适配它的目标市场来说是供过于求，不得不吸收部分较低房价的客源作为补充。

二、世博后上海饭店业面临的挑战

挑战 1：饭店面临短期内供余扩大与出租率下行的压力

世博前两年，由于各种因素，上海酒店市场已经累积了大量供余，以至于在世博期间，即使遇到了成倍于往年的需求，仍不能摆脱部分客房空置的局面，时时有时段性和结构性的供余隐现出来。

世博结束后，大规模供过于求的状况又重新出现：

上年 11 和 12 月份，即世博刚结束的两个月，上海酒店市场的客流量骤减，市场需求与 10 月份（世博最后一个月）形成巨大落差。这突出地在出租率上反映出来（见图 8）。

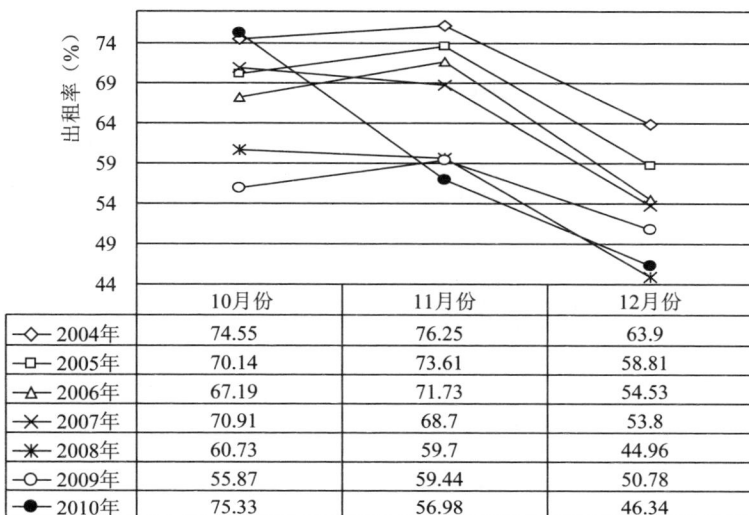

	10月份	11月份	12月份
—◇—2004年	74.55	76.25	63.9
—□—2005年	70.14	73.61	58.81
—△—2006年	67.19	71.73	54.53
—✕—2007年	70.91	68.7	53.8
—✳—2008年	60.73	59.7	44.96
—○—2009年	55.87	59.44	50.78
—●—2010年	75.33	56.98	46.34

图 8　2010 年 11 月、12 月份上海星级酒店出租率落差（%）

今年以来，由于日本地震与核泄漏、欧美债务危机等众多国际因素，以及世博期间需求透支的影响，酒店市场延续着上年年底后的疲软状态。出租率始终徘徊在低水平（见图 9）。

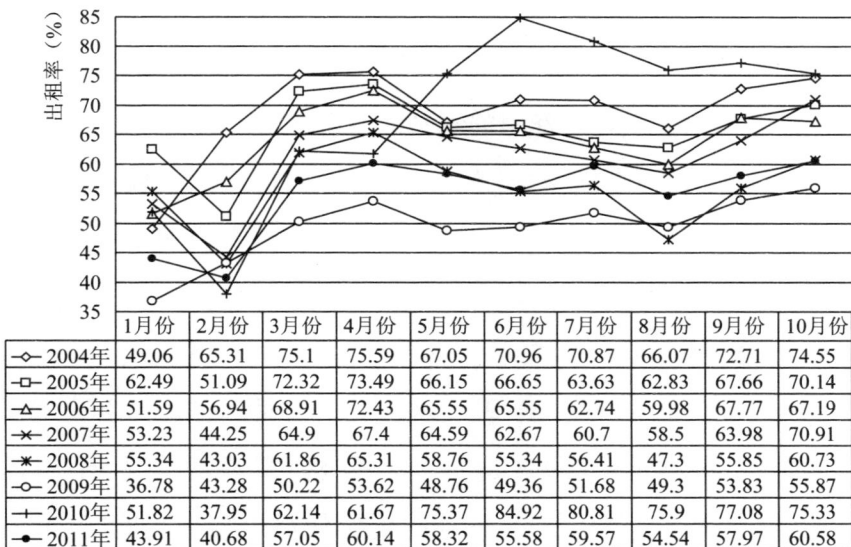

	1月份	2月份	3月份	4月份	5月份	6月份	7月份	8月份	9月份	10月份
—◇—2004年	49.06	65.31	75.1	75.59	67.05	70.96	70.87	66.07	72.71	74.55
—□—2005年	62.49	51.09	72.32	73.49	66.15	66.65	63.63	62.83	67.66	70.14
—△—2006年	51.59	56.94	68.91	72.43	65.55	65.55	62.74	59.98	67.77	67.19
—✕—2007年	53.23	44.25	64.9	67.4	64.59	62.67	60.7	58.5	63.98	70.91
—✳—2008年	55.34	43.03	61.86	65.31	58.76	55.34	56.41	47.3	55.85	60.73
—○—2009年	36.78	43.28	50.22	53.62	48.76	49.36	51.68	49.3	53.83	55.87
—+—2010年	51.82	37.95	62.14	61.67	75.37	84.92	80.81	75.9	77.08	75.33
—●—2011年	43.91	40.68	57.05	60.14	58.32	55.58	59.57	54.54	57.97	60.58

图 9　2011 年 1—10 月份星级饭店出租率与历年同期比较（%）

　　然而，就在需求出现巨大落差、世博前供过于求的状况重新出现的同时，新的酒店却还在不断投入市场。据不完全统计，在上年第四季度，即世博临近结束到年底的三个月内，上海至少有三家高端酒店投入市场，涉及客房 1500 间左右。2011 年，上海已开业或将要开业的高档酒店又有 15 家，新增客房数 5000 间左右。（这 15 家酒店是：嘉里大酒店、盛高假日、绿地万豪、虹口喜来登、雅乐居万豪、新天地安达仕、平高假日、朱美拉喜马拉雅、华道夫、中航旅业、闵行星河湾、闵行皇冠假日、外高桥富豪酒店、青浦夏阳湖皇冠假日、闵行富建酒店）2012 年，预计还将有十来家高端酒店开业。

　　可见，一方面是需求出现巨大落差，另一方面新酒店又不断开出，其结果必然是供求不平衡、供过于求的基本面进一步扩大。因此，从短期看，上海酒店市场供余和产能过剩的状况恐怕一时难以扭转，出租率两三年内也许将滞留在相对低的水平。

挑战 2：饭店面临人力紧缺、成本剧增形成的营运压力

三、后世博上海饭店业的机遇

机遇 1：新增目的地资源的形成和使用

　　"十二五"规划中期至末期，上海市域内将有两大项目逐步建成：城区东端的迪士尼和西端的国家会展中心。前者有可能大大拓展上海的休闲观光和奖励旅游客源市场，后者则可能大幅拓宽上海会议展览的客源市场。

　　□ 迪士尼项目的有关情况：第一期开园时间：2015 年年底。占地 3.9 平方千米（963 英亩）。开园后视运营情况再陆续开发第二期和第三期。二、三期的规模分别与第一期相当。与中方的协议规定，整个项目须在第一期开园后 18 年内（即最晚到

2033 年年底前）全部开发完毕。按现有设计，上海迪士尼第一期的主题乐园部分（包括后勤区域）约 91 万平方米，加停车场 116 万平方米。作为核心部分的童话城堡将是体积最大功能最全；花车巡游也将是规模最大线路最长；零售、餐饮、娱乐区将与美阿纳海姆的"迪士尼市中心"规模相当（27 900 平方米）。迪士尼方面目前预期第一期项目开园进入正常运营后的年流量为 1600 万人次。在保证舒适度（即不用排队吃饭、上厕所、游玩项目）前提下的接待人次为每日 4 万~6 万；高峰日（如黄金周等）的接待人次可达 8 万~9 万。据此测算，游客中如有 40% 过夜住宿，则正常日会产生每日 1.6 万~2.4 万个床/夜的住宿需求。相当于 35~53 个 300 间客房（双人间与单人间各一半）出租率为 100% 时的酒店的容量。

□ 国家会展中心项目的有关情况：国家商务部"十二五"期间的重大项目。虹桥高铁站附近，占地 1 平方千米；建筑面积 200 万平方米，其中 50 万为展览场馆，相当于上海目前所有大型展馆的面积总和还多。项目于"十二五"末完成。其中第一期 20 万平方米将于开工后一年半（即 2013 年）完工并投入使用。国家会展中心项目的完成将大大增强上海的会展设施。有助于树立上海国际会展大都市和会展旅游目的地的形象。

如果这段时间新酒店的数量能够得到有效控制，历年累积的供余可逐步以至于全部消化，市场供需结构重现平衡，出租率或将再拾升势。

机遇 2：总体客源结构面临会议展览金融商务比重增大的变化

世博结束后上海饭店客源市场中会议、展览、商务类比重已相对增大。这一变化导致饭店平均房价环比世博前有所提升（见图 10）。

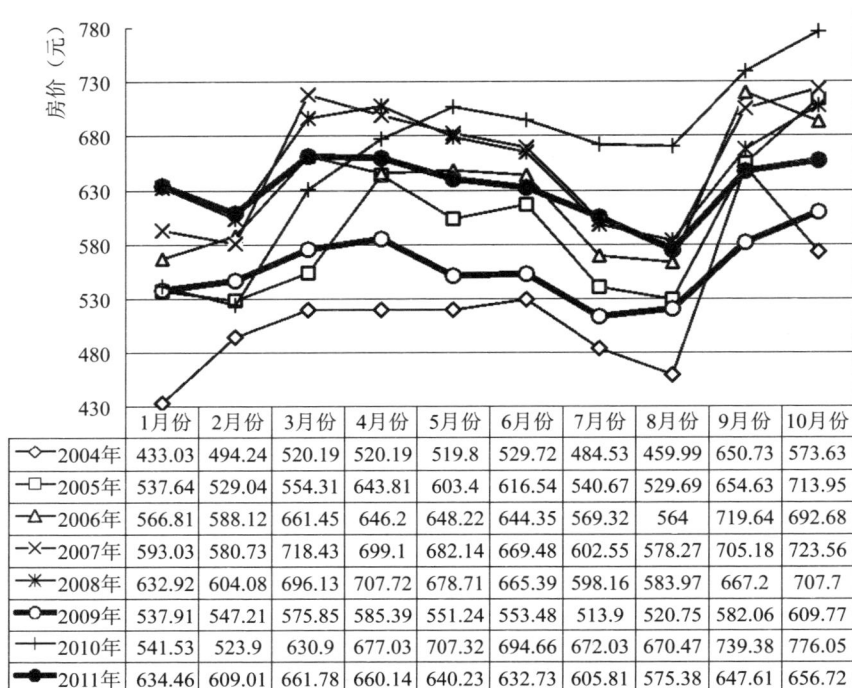

	1月份	2月份	3月份	4月份	5月份	6月份	7月份	8月份	9月份	10月份
2004年	433.03	494.24	520.19	520.19	519.8	529.72	484.53	459.99	650.73	573.63
2005年	537.64	529.04	554.31	643.81	603.4	616.54	540.67	529.69	654.63	713.95
2006年	566.81	588.12	661.45	646.2	648.22	644.35	569.32	564	719.64	692.68
2007年	593.03	580.73	718.43	699.1	682.14	669.48	602.55	578.27	705.18	723.56
2008年	632.92	604.08	696.13	707.72	678.71	665.39	598.16	583.97	667.2	707.7
2009年	537.91	547.21	575.85	585.39	551.24	553.48	513.9	520.75	582.06	609.77
2010年	541.53	523.9	630.9	677.03	707.32	694.66	672.03	670.47	739.38	776.05
2011年	634.46	609.01	661.78	660.14	640.23	632.73	605.81	575.38	647.61	656.72

图 10　2011 年 1—10 月份星级饭店房价与世博前一年比较（元）

"十二五"中期（2013 年）国家会展中心一期投入使用，将提升上海吸引国内外会议、展览的硬件设施和环境，可能使酒店客源中商务、会议、展览板块的比重大幅扩大。

随着国际金融中心地位逐步确立，金融商务将在上海饭店客源市场重拾台阶并进一步发展。

客源结构中会议展览金融商务比重增大的变化将会是推动酒店基础价格上升的主动力。而"十二五"末迪士尼项目投入使用后预计吸引大量休闲旅游观光客源从而提升上海饭店平均出租率，会产生进一步向上修正基础房价的压力。

四、后世博上海饭店业发展需要注意的问题

1. 要控制饭店的增量投资

前期导致酒店过量投资的因素：

（1）行业内外信息不对称

（2）房地产业利益驱使

（3）基层当局出于本地招商引资的形象考虑要引入酒店

应有针对上述因素的措施。

2. 要实现饭店的转型发展

饭店企业可能的几种转型：

（1）物业功能转型

（2）经营业态转型

（3）目标市场转型

3. 要捋顺饭店的运作机制

（1）尝试调整用工结构（建立简单劳务社会化的机制）

（2）尝试调整薪酬结构（探讨恢复服务费的功能和机制）

2014 年上海酒店市场分析

2015 年 2 月

一、2014 上海酒店市场运行状况

（一）出租率高于 2013 年同期，且呈缓坡爬升态势

2014 年，上海酒店的出租率无论从单月数据，还是从累计平均（指从年初起到当月末止的平均数，下同）数据，较之 2013 年都有所回升（1月份因春节原因除外）（见图 1、图 2）。全年的平均回升幅度分别为（百分点）：五星级 2.71，四星级 5.17，三星级 5.34，二星级 5.57。

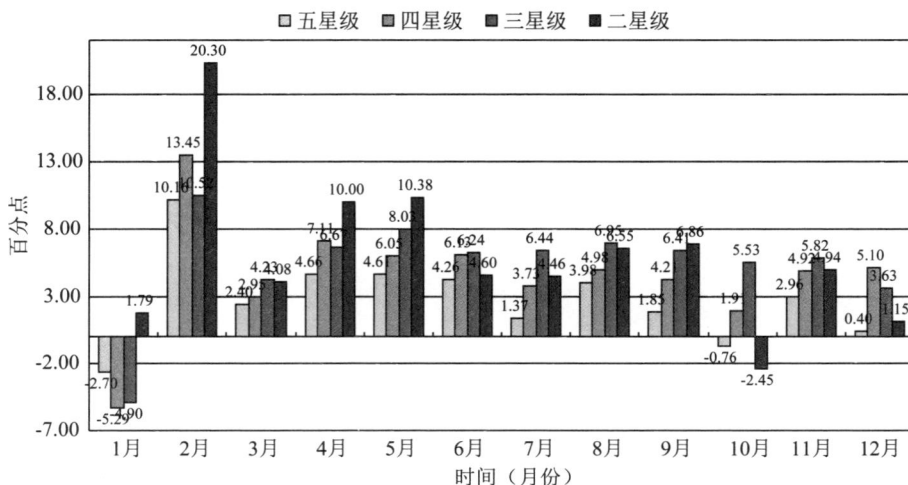

图 1　2014 年上海酒店出租率与 2013 年同期相比的情况

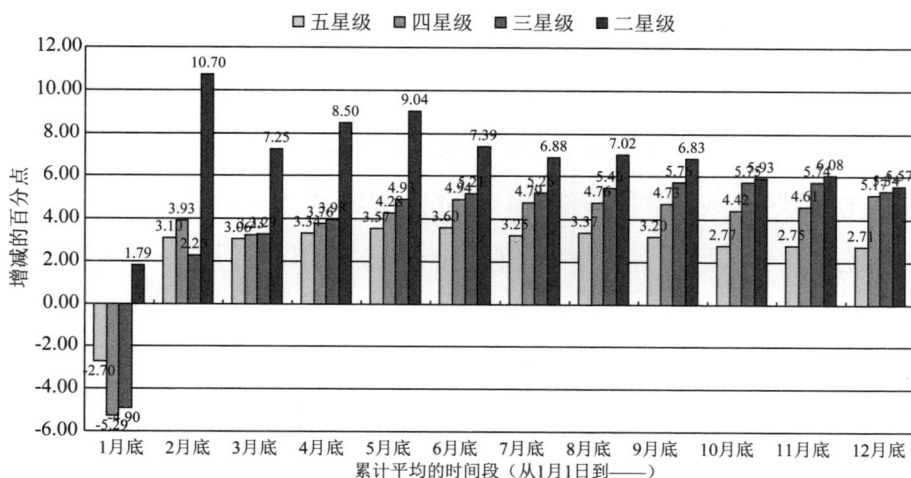

图2 2014 年上海酒店累计平均出租率与 2013 年同期相比的情况

此外，从逐月累计平均的角度看，出租率呈缓坡爬升态势。表明市场供求关系在缓慢地朝趋衡方向移步（见图3）。

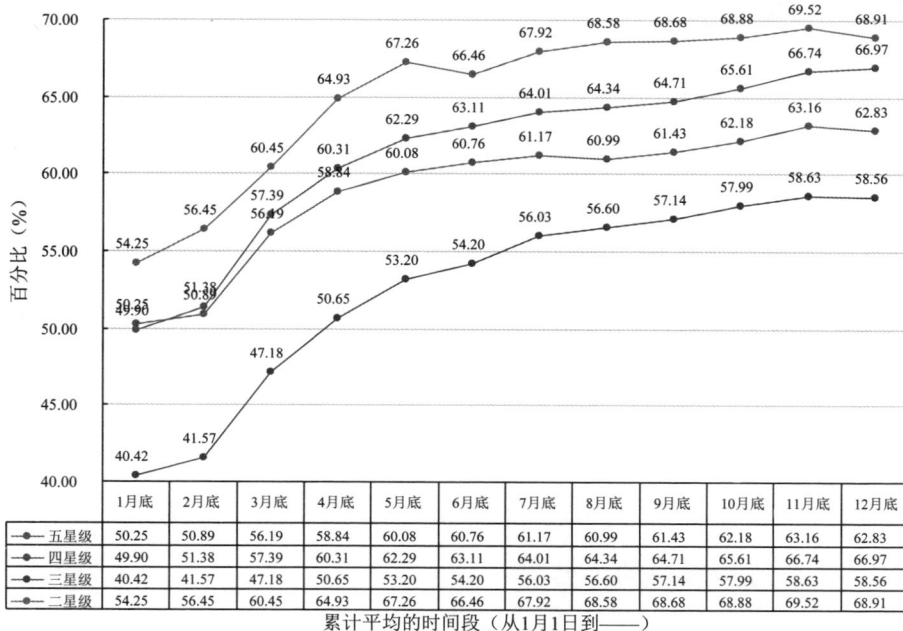

	1月底	2月底	3月底	4月底	5月底	6月底	7月底	8月底	9月底	10月底	11月底	12月底
五星级	50.25	50.89	56.19	58.84	60.08	60.76	61.17	60.99	61.43	62.18	63.16	62.83
四星级	49.90	51.38	57.39	60.31	62.29	63.11	64.01	64.34	64.71	65.61	66.74	66.97
三星级	40.42	41.57	47.18	50.65	53.20	54.20	56.03	56.60	57.14	57.99	58.63	58.56
二星级	54.25	56.45	60.45	64.93	67.26	66.46	67.92	68.58	68.68	68.88	69.52	68.91

累计平均的时间段（从1月1日到——）

图3 从累计平均角度看，出租率呈缓坡爬升态势

（二）房价仍处低位，但已露止跌回升端倪

2014 年上海酒店的平均房价，仍处于自 2010 年以来的低位。以五星级酒店为例。图 4 是 2014 年五星级酒店累计平均房价与历年同期相比的状况。图中代表 2014 年价格的红线 1—8 月份行走在五年中的最底端，9 月份开始才略超过代表 2013 年的蓝线成为倒数第二。

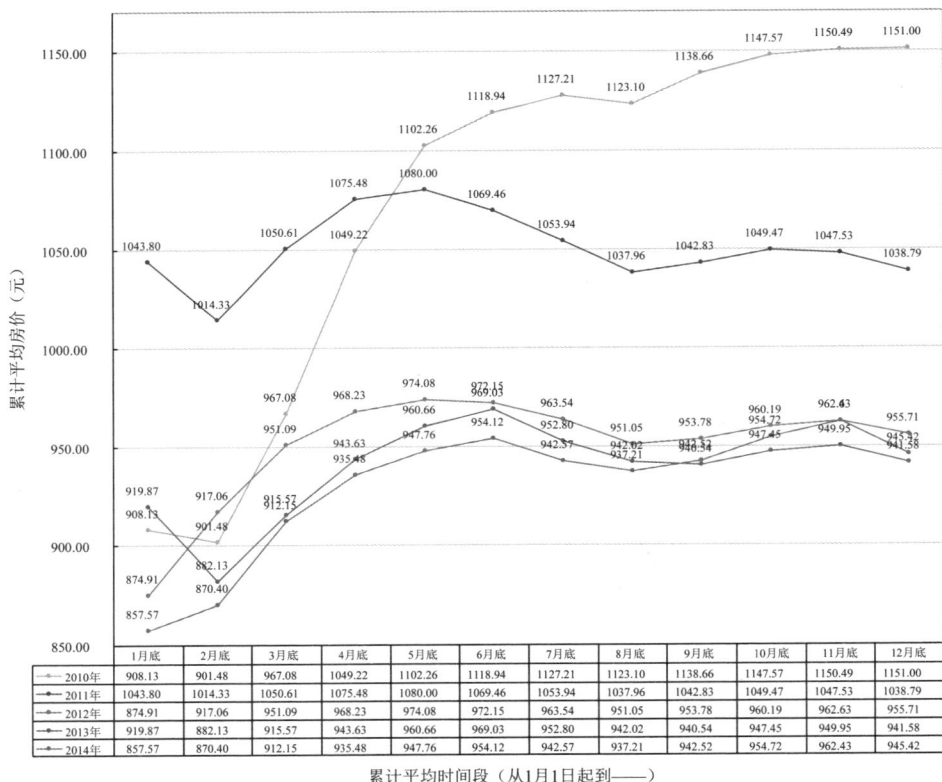

	1月底	2月底	3月底	4月底	5月底	6月底	7月底	8月底	9月底	10月底	11月底	12月底
2010年	908.13	901.48	967.08	1049.22	1102.26	1118.94	1127.21	1123.10	1138.66	1147.57	1150.49	1151.00
2011年	1043.80	1014.33	1050.61	1075.48	1080.00	1069.46	1053.94	1037.96	1042.83	1049.47	1047.53	1038.79
2012年	874.91	917.06	951.09	968.23	974.08	972.15	963.54	952.80	953.78	960.19	962.63	955.71
2013年	919.87	882.13	915.57	943.63	960.66	969.03		942.02	940.54	947.45	949.95	941.58
2014年	857.57	870.40	912.15	935.48	947.76	954.12	942.57	937.21	942.52	954.72	962.43	945.42

累计平均时间段（从1月1日起到——）

图 4 2014 年五星级酒店累计平均房价与历年的比较

这一低位是由 2011 年 5 月起至 2014 年 8 月，持续 40 个月的房价同比下跌逐步形成的（见图 5）。

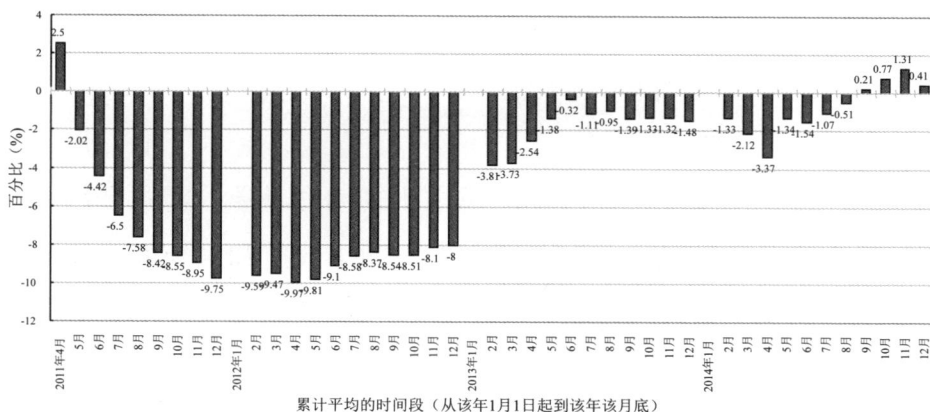

图 5　2011 年 4 月至 2014 年 12 月期间五星级酒店累计平均价格的同比情况

然而值得注意的是，从 9 月份起累计平均价格同比出现了上升：9 月份上升了 0.21%，12 月底上升到 0.77%。微升量虽小，但已初露了 3 年 4 个月连续滑坡后的止跌端倪（同见图 5）。

（三）出租率爬升与价格止跌的原因

1. 新增供应增速减缓

相对前些年大批新酒店开业，2013 年新酒店增速已现减慢迹象，原因是部分民间酒店项目被开发商取消、延宕或转向。2014 年进一步放缓：年初预计会有 6 家高端酒店开业，而到目前只有 4 家（宝华万豪、圣诺亚皇冠广场、中星珀尔曼、崇明金茂凯悦），其余的或被延宕（如嘉定喜来登项目），或可能转向（如原华敏索菲特项目）。

2. 存量酒店退出机制

所谓"存量酒店退出机制"有双重含义：既是指这两年有越来越多的酒店（或者是酒店中的部分客房）另辟蹊径，不再参与抢食住宿业市场蛋糕，从而退出了酒店市场供求格局的机制（如 2013 年的银河宾馆、锦沧文华大酒店，2014 年的 88 新天地酒店等）。又是指这两年酒店退出市场的渠道模式渐趋成熟。源于行政或制度的障碍已经不再，市场化的手段如并购、证券化交易等被频频使用并收效。退出门槛已大大降低。

3. 需求升温如期而至

2014年，尤其是下半年后，需求出现明显升温。需求升温一是源自自贸区的持续效应。与八项规定限制了政府和国企的会议与消费对应，酒店个人和商务散客的数量和比重有明显上升，外资与民企的各种商务会议活动有所增加。二是源自国家会展中心和迪士尼项目的前期效应。两大项目筹建带来许多关联商务活动，且越近临期越频繁。3月份国家会展中心一期完建运行，已使许多西区酒店受益。不完全统计，目前实际举办的展览和会议活动数量已越出了年初专业部门的估计。三是源自业内的创新营销。尤其是利用在线互联网所炒出的概念或活动筹划亮点销售。如今年9月、10月份希尔顿通过总部机构向全球宣传"中国双11购物活动"，将其类比为西方的圣诞购物，借此推出"双11"期间入住希尔顿酒店有特大优惠的方案，吸引了大批游客入住。"双11"当晚，上海中心城区有许多酒店出现满房，不得不向外转移预订住客。

4. 业内去同质化的努力

世博结束后头两年的同质低价竞争使一些酒店元气大伤。受挫经历迫使业内回头反思经营之路。为此市旅游行业协会及其饭店分会两次组织以特色经营差异发展为主题的座谈活动来凝聚去同质化促差异发展的共识。目前有越来越多的酒店诉诸行动。如地处徐家汇商圈区域的天平宾馆有部分受建筑结构所限的无窗客房，一直是酒店与周边对手竞争中的短板。实施差异化改造后，将无窗房多的楼层改造成氛围浓厚的日式客房特色楼层，从而跳出了同质圈，不仅吸引来一批较为稳定的日本客源，而且使特色楼层无窗房的实际销售价高于本店的一般房价和周边酒店的平均房价。斯格威珀尔曼酒店将原客房的一半楼层改为豪华写字房，引入高端公司机构常驻。不仅减少了日售酒店客房的压力，而且高端公司机构为酒店带入了高质量内生客源，提高了日售客房的平均价格。目前 309 间客房的收入几乎与改造前 654 间客房的收入相等。还有些酒店根据市场需求设立高档月子会所等，通过特色经营有效提高了房价。

5. 景气不足环境下收益管理的实施

收益管理通常被认为在市场上升条件下能有效适用，市场下跌时则难以实施。因而此轮下跌过程中多数酒店放弃了收益管理努力，甚至撤销岗位，把人员并入销售团队派出去"扫楼"。这是促成低价拼争，甚至"甩卖"客房的因素之一。去年市旅游行业协会组织优化管理降本增效的主题座谈会，提出"在景气不足环境下加强收益管理"的命题，在业内引起重视，许多企业开始回到收益管理的思路。如静安希尔顿酒店有 700 多间客房，销售压力大，在两年前低迷期增开了许多"B2B"批发商渠道，扩大了客房的销售量。然而后来部分批发商将折扣价链接到"去哪儿"等"B2C"平台网站上"裸卖"，致使同一酒店客房在同一消费者购买平台上以低于官网的多个价格销售，挫低了平均房价，也违背了集团总部关于酒店官网是在线市场最低价的要求。2014 年 3 月起酒店收紧收益管理，关闭了低于官网价的批发商渠道。此举曾造成出租率的一时跌落，但却大大提高了平均房价。而坚持了几周之后，出租率又在新房价基础上回升到原来水平。

二、特点和趋势

（一）供余潜存，但有移步动态平衡的趋向

这是从市场供求量比角度对当前特点和近、中期走向的判断。

"供余潜存"是指：供过于求继续存在，但不再采取出租率持续下跌为主、带动房价下跌的典型形式（或显性形式）表现，如上海2007—2012年期间（2010年除外）那样，而是主要通过房价下跌表现出来。此时出租率降幅已很小，甚至不降反升，给人产生"供余"已缩小或消失的假象，但仔细分析后可以发现出租率降或升的幅度都小于房价下跌的幅度，因而"供余"导致酒店收入下跌的实质依然存在，只不过换了较易隐藏的表现形式，或者说潜性表现形式而已。这种出租率微降或不降反升、在供余表现机制中退居二线，因而供余以相对隐蔽或潜在的方式存在的状况我们称之为"供余潜增"（当实际上供余部分还在扩大时）或"供余潜存"（供余部分不变或有所缩小时）。这种供余"潜增"或"潜存"2013年就已经出现。2014年有了进一步的变化：一方面，出租率除了1月份因春节原因有所下降外，其余各月都是同比上升，且上升幅度加大；另一方面，房价在前8个月虽仍下跌，但跌幅明显小于出租率的升幅，在9月、10月份更出现了止跌微升。可见2014年的供余规模实际上已经缩小，其对酒店的负面影响不是增而是减了（以至于2014年下半年以来业内不少经营者感觉来自市场的压力有所缓舒，心情也好得多）。但是，供余有部分化解不代表供余就不存在。总体来看，目前的出租率和房价都仍处在历史的低区或者较低区，出租率离开供求平衡的区间高度（一般认为是整个市场的年均出租率在70%~80%）还有较大距离。供余还较大规模存在，只不过同比有所缩小而已。因此

将当前特点表述为供余潜存并不为过。

2015 年，上海酒店市场供求量比有可能是朝着"动态趋衡"方向移步。这是因为：一方面，酒店市场消费需求相对 2014 年会有更大回升：①位于上海国际旅游度假区的迪士尼度假区将于 2015 年底开园。其预期接待流量在保证舒适度（即不用排队吃饭、上厕所、游玩项目）前提下为日均 4 万（年流量约 1500 万）人次，相当于上海世博会日均入园流量的十分之一强。如果参照上海世博会时的参数，对上海酒店市场的贡献是大约可带动 2.5 个百分点的平均出租率。同时由于是个消费需求细水长流的项目，本身不会造成通常有时间限制的大型活动（如世博会）开始和结束时大起大落的市场波动，对酒店业的长期平稳发展是十分有益的。这些好的预期和作用鼓舞了上海乃至全国的旅游界和相关行业，因此虽然要到 2015 年底开业以后才能逐步验证，但在此之前，由于市场信心的提振和越来越多的前期关联活动，对酒店业的消费需求将会变得越来越活跃。②位于西郊大虹桥商务区、目前已部分试业的国家会展中心定于 2015 年内完建。国家会展中心内展馆面积达 50 万平方米，相当于目前上海存量展馆面积总和（47 万平方米）。其全部完建后上海的展馆总面积将超过全球最大展览城市汉诺威（55.33 万平方米）。因而它不仅可以改善接待各类会展的硬件设施，而且大大有助于上海对外树立国际会展大都市和会展旅游目的地形象，提高在国际上招揽超大型级会展的竞争能力。国家会展中心对上海酒店市场可能的贡献，一是通过增加流量提高出租率，二是扩大客源结构中会展商务比重推升平均房价。由于国家会展中心已有部分试运营，而整体运营又要早于迪士尼，其对酒店市场需求量的拉动和需求结构的促进应该在 2015 年就会有所显示。③上海自贸区效应在广度和深度上继续释放，随之而来是更多的商务会议和活动。④国际上欧美经济缓慢复苏对上海酒店市场也是一个利好背景。

另一方面，随着消费需求的回升，酒店市场的客房供应量也会增加。客房供应增加可能有三个来源：①迪士尼和国家会展中心板块的新建酒店。迪士尼园区本身规划中已有两家酒店1200间客房，周边又已有四五家社会投资酒店在规划建设；国家会展中心也有项目规划酒店和周边社会投资酒店在建中。②郊区新城区（或开发区）布建或引入的酒店项目。如嘉定、松江等都有一批在建。③已收尾竣工伺机开业的酒店。有几家世博前开工酒店，竣工时正值市场低谷，因而暂不开业等待时机，如华敏索菲特、嘉定喜来登、闵行星河湾、浦东悦榕庄等。其中闵行星河湾完建后只开业了餐饮部分，客房仍在等待时机。上述三个可能来源中，迪士尼的两家酒店已明确要随乐园开业，伺机等待的项目中也有个别会选择入场，其他的尚有不确定性。此外，存量酒店中还会有一些退出供应市场。如目前已知的新梅万豪行政公寓酒店将营业到12月31日，2015年1月1日起停业改造。可见，2015年上海酒店市场的客房供应还会增加，但数量不多，并会被退出市场的酒店抵消一部分，因而增长幅度可能小于消费需求的回升。也就是说，2015年供余部分将会相对缩小，供求量比会朝着动态平衡方向移近。

（二）房餐回归，呈现各方角逐泛中端领域的趋向

这是从酒店业经营的收入结构和目标市场角度对近期特点和走向的判断。

上海酒店业传统的收入构成是大客房小餐饮，即客房在总营收中占比最大，其次是餐饮，配套娱乐等比重最小。但2008—2012年这一格局有所变化：客房占比缩小，餐饮占比增大，在一些本土酒店甚至出现房餐倒挂（2010 年除外）[见图 6（1）和图 6（2）]。其原因，一是这期间平均出租率与平均房价连年下滑使客房收入大幅减损，二是内宴（包括政务、商务的交往接待和企业活动）与婚宴需求则相对活跃，尤其是婚宴，其数量和价格都呈强劲上升。然而自 2013 年开始酒店业经营的收入结构又呈现向大客房小餐饮的回归[见图 7（1）和图 7（2）]。原因是八项规定和反贪腐实施之后餐饮的内宴需求大幅减缩，有些细项几乎为零；婚宴需求也相对趋软；而在民间私人消费市场上酒店竞争不过社会餐馆（尤其是专业餐饮连锁企业），因而餐饮收入大幅减少。与此同时，客房出租率 2013 年相比 2012 年就已有增长，2014 年又呈爬升态势；平均房价去年虽然下跌，但幅度已大大小于出租率增长；2014 年到 10 月份为止已止跌微升。因而客房收入是在增加。

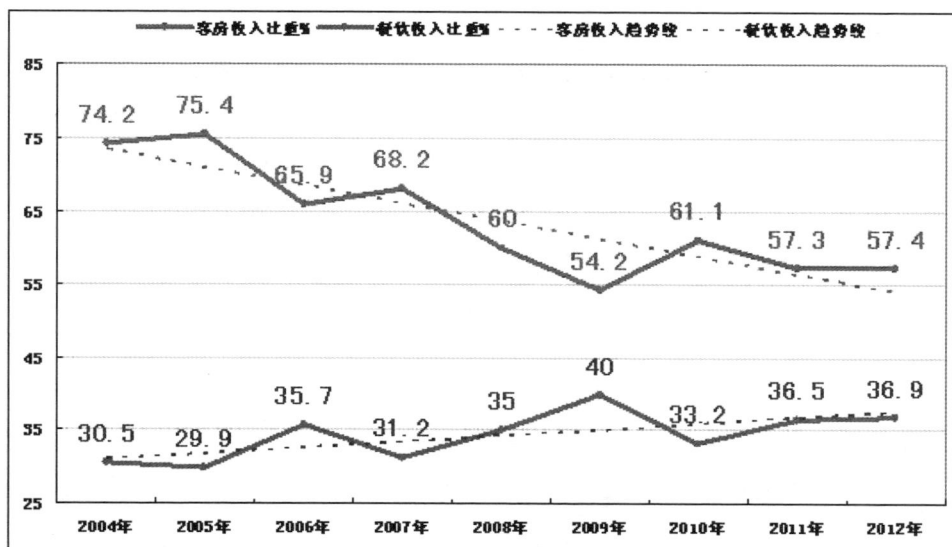

图 6（1） 2012 年前国际品牌酒店房餐比重的变化状况

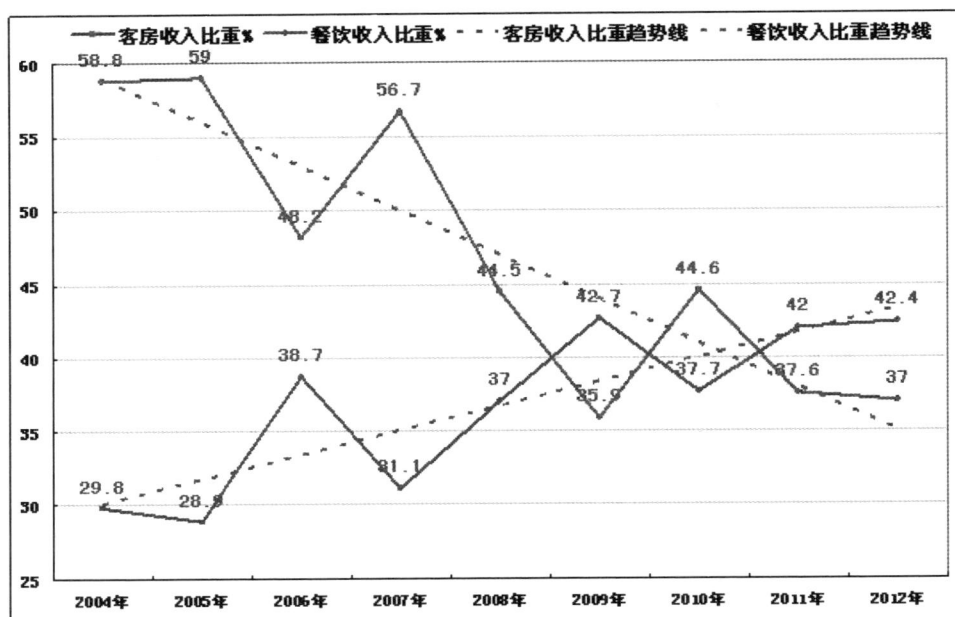

图6（2） 2012年前本土酒店房餐比重的变化状况

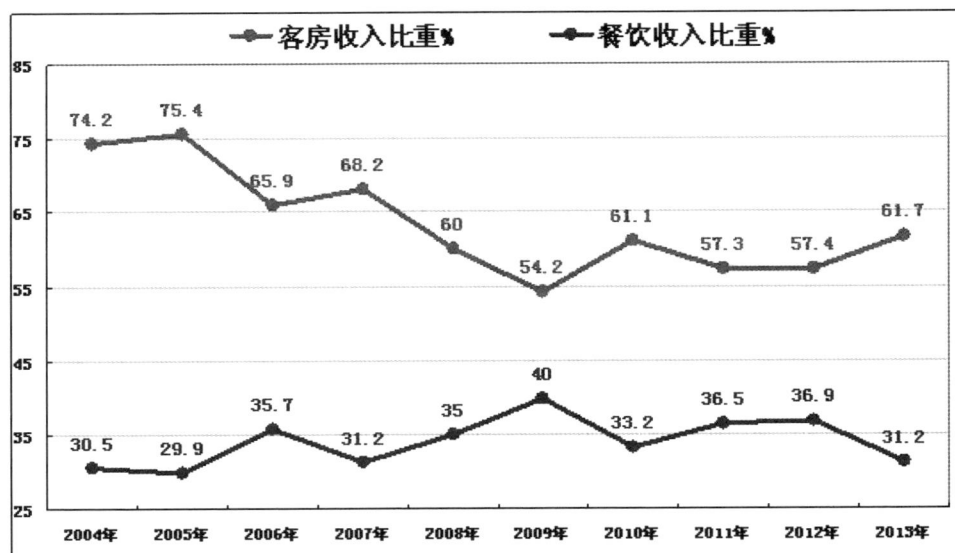

图7（1） 2013年国际品牌酒店房餐比重的变化趋势

图例：
- 客房收入比重%
- 餐饮收入比重%

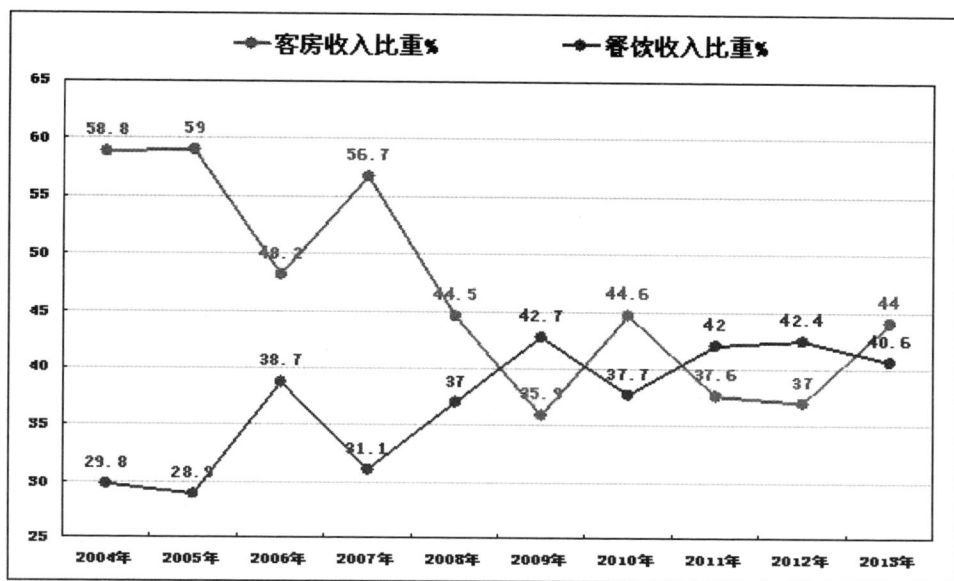

图 7（2） 2013 年本土酒店房餐比重的变化趋势

从经营的目标市场来看，无论客房还是餐饮，泛中档（包括中档高端、中档一般、中档低端）领域可能会是各方关注和角逐的焦点。根据是：①从政策导向看，八项规定和反贪腐反浪费的持续深化，将进一步严格限制高端消费，迫使五星级和豪华酒店将由此多余的产能下移到中档高端甚至中档一般市场；而"中国梦"和大众旅游生活方式又将从民间（不仅是中产阶层，而且可能是一般大众）产生出大量泛中档消费需求。②从市场主体运行实际看，近两年泛中档酒店的出租率要明显高于豪华酒店，表明泛中档市场尚有空间和潜力［以五星级与四星级和二星级的比较为例，见图 8（1）和图 8（2）］。③从嗅觉敏锐领先市场的国际品牌集团动向看，其目标市场重心已下移，泛中档市场成为关注的焦点。例如，希尔顿花园、凯悦 HYATT HOME 等中档品牌正在加快进军步伐；英国萨维尔管理公司将其在上海的发展目标锁定在四星项目上；万豪主打中档市场的有限服务品牌万怡是其在沪各品牌中综合效益最好的；法国卢浮郁金香集团在 2014 年 11 月被锦江集团购并之前与锦江集团的合作也是在泛中档范围内进行的——其康普奈尔品牌与锦江之星品牌运用了类似航空公司代码共享的模式，即双方承（担）运（营）的酒店在接受对方招揽的客源时挂对方的品牌。

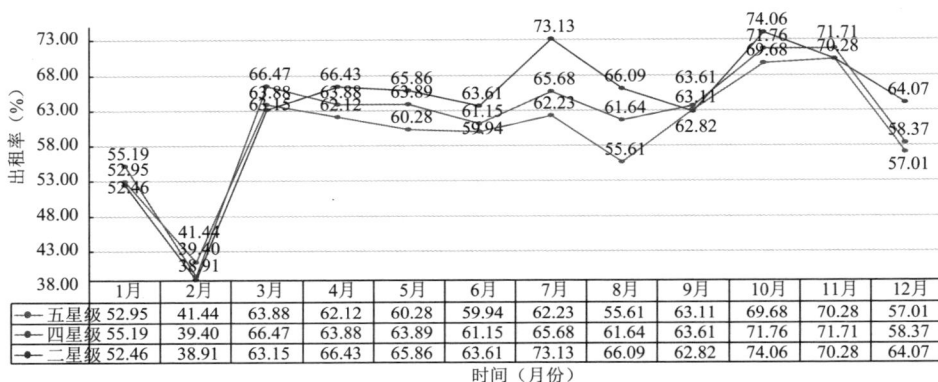

	1月	2月	3月	4月	5月	6月	7月	8月	9月	10月	11月	12月
五星级	52.95	41.44	63.88	62.12	60.28	59.94	62.23	55.61	63.11	69.68	70.28	57.01
四星级	55.19	39.40	66.47	63.88	63.89	61.15	65.68	61.64	63.61	71.76	71.71	58.37
二星级	52.46	38.91	63.15	66.43	65.86	63.61	73.13	66.09	62.82	74.06	70.28	64.07

时间（月份）

图 8（1） 五星级与四星级和二星级酒店 2013 年的出租率比较

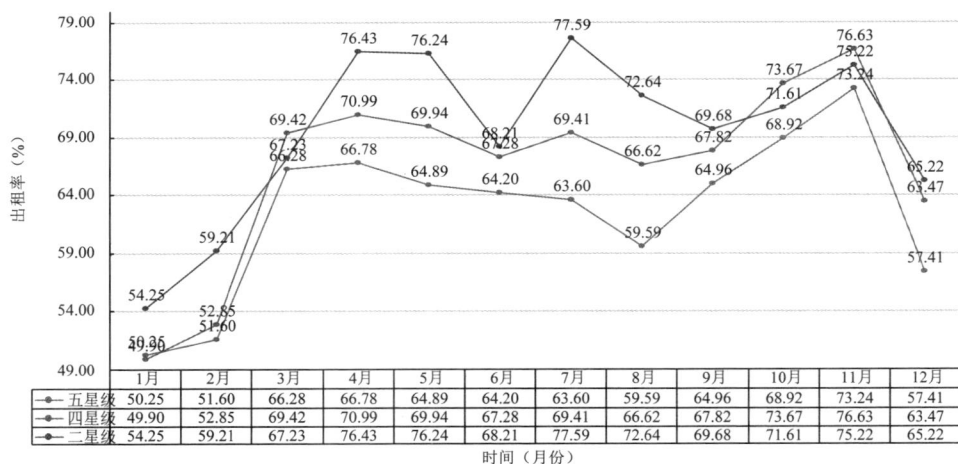

	1月	2月	3月	4月	5月	6月	7月	8月	9月	10月	11月	12月
五星级	50.25	51.60	66.28	66.78	64.89	64.20	63.60	59.59	64.96	68.92	73.24	57.41
四星级	49.90	52.85	69.42	70.99	69.94	67.28	69.41	66.62	67.82	73.67	76.63	63.47
二星级	54.25	59.21	67.23	76.43	76.24	68.21	77.59	72.64	69.68	71.61	75.22	65.22

时间（月份）

图 8（2） 五星级与四星级和二星级酒店 2014 年的出租率比较

（三）业态转型，出现整体异化与跨界融合动向

这是从酒店业不动产物业功能转型角度看近期变化和特点。

酒店业主的不动产物业大致有日售型酒店、长住型酒店、家居式服务公寓等业态，还有兼营商务办公的。不同时期不同条件下上述业态对业主的收益贡献是不一样的。如 2003—2005 年酒店处在上升周期、供应较为紧缺时，酒店业不动产物业几种业态的盈利排序是日售型酒店最佳，公寓酒店（长住型酒店）次之，其后是兼营的商务办公。以同一地理位置下同一管理者管理的不同业态比较为例：同处南京路明天广场中的日售型 JW 万豪酒店每平方米物业日均收入为 37 美分、而常住型万豪行政公寓（MEA）则是 12 美分，仅为前者的 1/3；同样，同在外滩中心由威斯汀管理的日售型酒店每平方米物业月均收入 82 美元，而常住型公寓部分仅 27 美元，也是 1/3 左右。以至于外滩中心开业只有两年就进行业态调整，常住型公寓全部改为日售型酒店。然而十年河东十年河西。在世博结束后几年酒店市场不景气情况下，几种业态对业主的收益贡献出现了倒转：长住型好于日售型（如 ×××× 酒店内长住型设施的收入为 6000 万元，日售型设施部分仅 4000 万元），商务办公业态又好于长住型（如由商务办公和长住酒店两栋物业楼组成的 ××××××，商务办公楼对业主的贡献为年均 4000 万元，而长住酒店的贡献为 2000 万元）。于是为了摆脱供余和亏损，近两年相继有一批日售型酒店进行了功能转型和业态调整。

此轮业态转型酒店大体是以两种方式退出酒店市场。一是整体异化。即由日售型酒店改造为写字楼或商业体，彻底放弃住宿形态（功能），进入效益相对好的办公和商业市场。二是跨界融合。即保留住宿形态（或功能），但放弃酒店市场，向酒店界域外延伸，在外行业有供缺的市场寻找契合点，融合形成一种新业态。如敬老院性质的高级养老公寓（老年服务公寓），产妇病房性质的高级月子会所等。这两种业态转型方式，由于其行为主体都通过它们退出了酒店市场的供应队伍，因而起着部分化解酒店市场供余的分洪作用。而跨界融合的业态又由于保留（或部分保留）了原酒店的某些（或全部）住宿功能，不排除未来形势变化后再回到酒店业态的可能性。从这个意义上说，它又是调节酒店市场供求量比的蓄水池。

三、应对建议

（一）抓住机遇，研发特色产品

国家会展中心与迪士尼明年完建是振兴上海旅游市场的两大机遇，应不失时机早作谋划。这意味着现在酒店已不能停留在一般准备阶段上了，而是把重点移到依据自身条件，研发以我为主导适合目标群体的细分产品上，争取尽早切入市场，在伴随机遇而来的激烈竞争中取得领先地位。例如，最近有酒店提出：在将来可能出现的以东西两头为重心的上海旅游格局中，浦东酒店有占先迪士尼的优势，西区近郊酒店可围绕国家会展中心做文章，中部的酒店距两头都远，应当怎么办？希望像世博会时那样为他们牵线一些迪士尼指定旅行社。我们给他们的建议是：通过旅行社解决客源固然是一条不错的渠道，不应放弃。但是，且不论迪士尼的旅行社销售方案至今没有出台，是否有类似世博会操作模式的指定旅行社尚且难说，即使有，其导入的客源也必定是各家酒店竞争的对象。等待不如主动出击，去研究以我为主导招徕客源的方案。近期国际上对酒店全包休闲度假产品的需求日渐旺盛，凯悦集团为此已专门推出 ZIVA 和 ZILARA 两个品牌，来满足全包家庭休闲度假和全包成人休闲度假两个细分市场的需求。有鉴于此,酒店可以利用自身国际品牌的优势,主动进军国际休闲度假市场,如用合作航空公司的机票、迪士尼的门票,自身提供住宿和汽车服务,做成各种全包休闲度假产品,通过集团的全球销售办事处和常客会员俱乐部渠道销售。

(二)回正心态,重拾收益管理

2015 年的市场预期较之前两年应该是相对平稳甚至上升。如果还认为景气下跌时收益管理难以操作,那么 2015 年就应该有较多的施展机会了。业内要为此统一认识,思路和心态要回正到收紧收益管理上来,不能再停留在"低价竞争""杀价销售"上。当然,移动互联网的发展导致顾客预订习惯等的变化会在收益管理实施方面带来一些难点,但只要回正思路和心态,静心分析研究,是可以找出规律来的。

(三)降本增效,深化节能减排

目前酒店业的负担很重:外省某地统计,除水电能源等营运费用以外的税费有 40 项。上海林林总总也有 28 项。与十年前相比,营运和非营运成本在上升,而酒店客房的销售价格则不变或下降,两头挤压下的利润空间越来越小。为此酒店应继续设法采取措施降本增效,尤其是要将深入挖潜节能减排作为重点。因为节能减排除了降本增效的一般意义外,还带有对社会和人类承担责任的性质,会得到政府和社会更大力度支持。2015 年,上海相关部门会有一些新的补贴和奖励政策落地。

试析进博会对上海酒店业的影响

2018 年 8 月

一、进博会有望成为上海酒店重拾升阶的契机

为什么进博会有望成为上海酒店重拾升阶的契机？我们需要先了解一下经济学里"商业周期"或者叫"景气循环周期"的理论

（一）关于"商业周期"或"景气循环周期"

所谓"商业周期"或者叫"景气循环周期"，说的是一个经济体或者一个产业在发展过程中会经历波动起伏，或者说是有规律的扩张和收缩。这个波动起伏的周期，一般分四个时期（或四个阶段），即繁荣（高涨）期、衰退期、萧条（停滞）期、复苏期（见图1）。

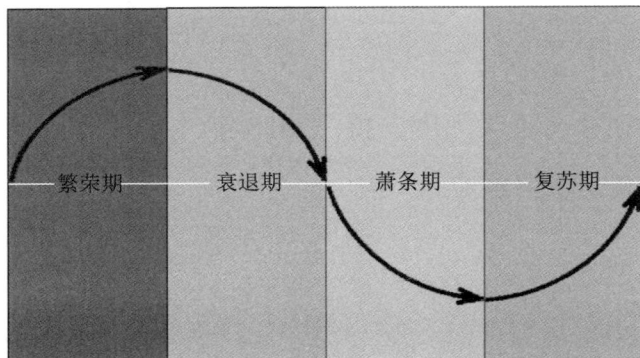

繁荣期　　衰退期　　萧条期　　复苏期

图 1　"商业周期"或"景气循环"一般分四个时期（四个阶段）

图中所示的这个商业周期（景气循环周期）看似非常规则（等幅、等高）。其实这只是我们为了便于了解它的规律而抽象出来的。现实中的周期并非如此。相反，或多或少会带有一些特点：

一是不同步性。不同的经济体，或者不同国家、地区的相同的产业可同时分处在周期的不同阶段。

二是不等高性。不同周期振幅（即起伏的高峰或者谷底）的深度不太可能都是一样的，而是有高有低。

三是阶段模糊性（融合性）。在某些条件下，两个相邻时期的边缘不是很清晰，可能会出现部分交错和叠合。

了解这些特点，对于判断和理解目前上海酒店业在景气循环周期中所处的阶段非常重要。

上海酒店业目前处在景气循环周期中的哪个阶段呢？

为了弄清这个问题，有必要回顾一下进入 21 世纪（即自 2000 年）以来到去年为止 18 年中上海酒店业的运行轨迹。

（二）2000 年以来上海酒店的运行轨迹

我们先看一下从 2000 年到 2017 年 18 年中上海酒店平均房价和平均出租率的运行轨迹（这里和以下所指的都是以年为单位全市范围的市场平均房价和市场平均出租率。为方便起见一般用五星级的数据来说明）（见图 2、图 3）。

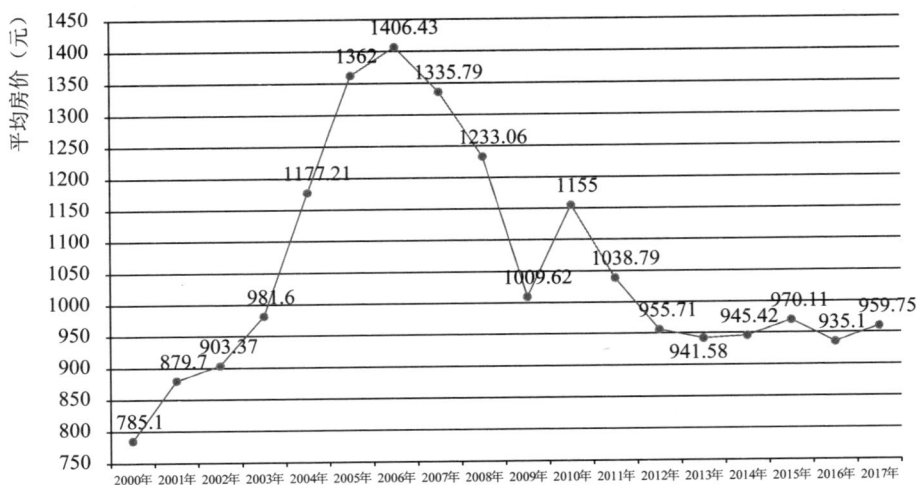

图2　2000年到2017年上海酒店平均房价的运行轨迹

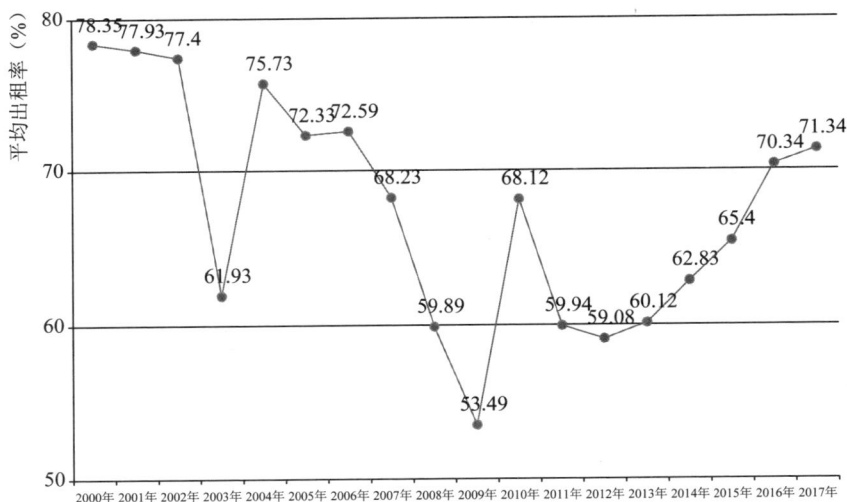

图3　2000年到2017年上海酒店平均出租率的运行轨迹

综合两个轨迹可见，上海酒店业在21世纪最初18年内的走势大体可分三个时期：

1. 2000年到2006年的上升时期；

2. 2006 年到 2012 年的下降时期；

3. 从 2012 年开始延续到现在的时期。

（见图 4、图 5）

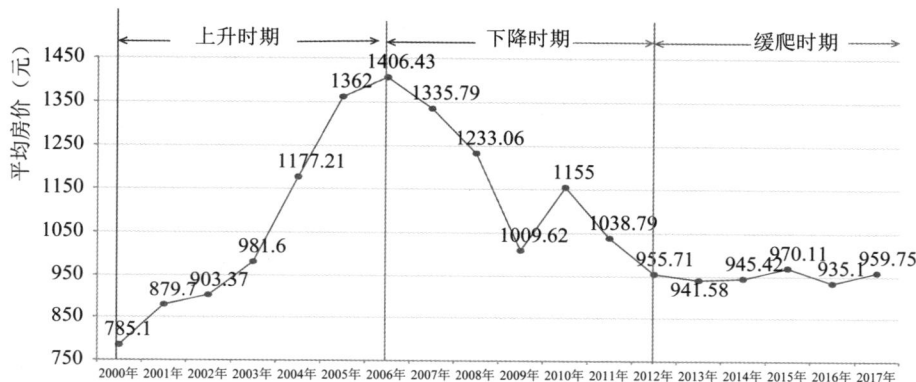

图 4　从平均房价角度看 18 年的走势可分的三个时期

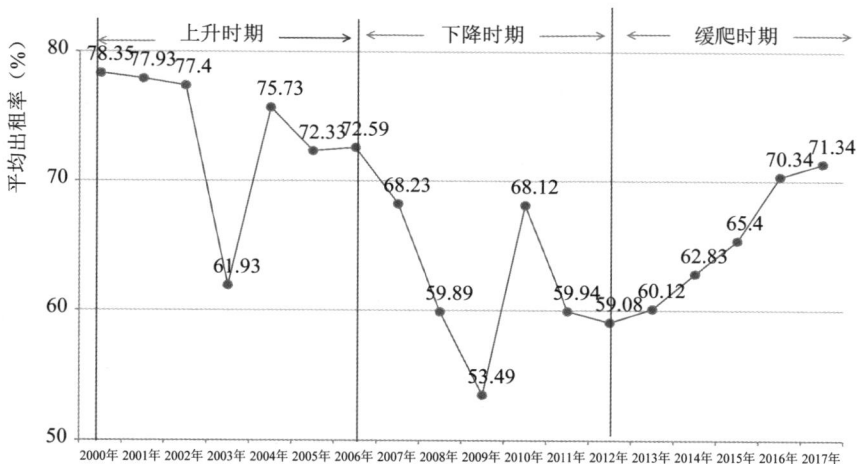

图 5　从平均出租率角度看 18 年的走势可分的三个时期

很明显，三个时期中，第一时期（2000 年到 2006 年的上升时期）就是景气循环周期中的繁荣阶段，第二时期（2006 年到 2012 年的下降时期）是景气循环周期中的衰退阶段，那么第三时期（2012

年开始延续到现在的这个时期）属于景气循环周期中的哪个阶段呢？

我们发现第三时期实际上带有双重属性：

首先从平均房价看，它是止步不前的——连续 6 年滞留在 900 多元的水平（935.10 元至 970.11 元），因而应该属于景气循环周期中的停滞（或萧条）阶段（见图 6）。

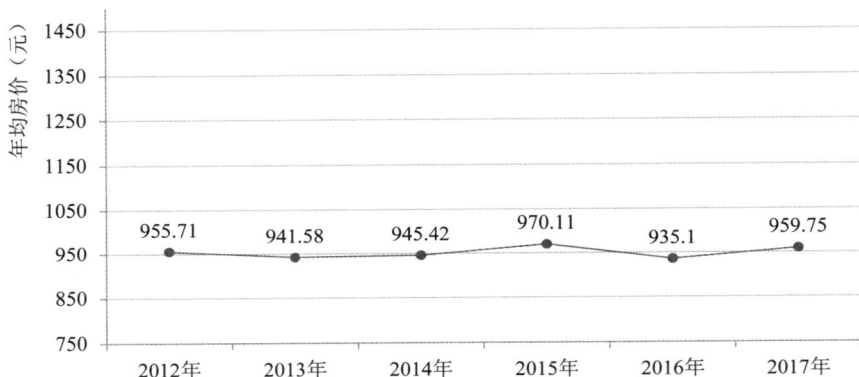

图 6　2012—2017 年五星级酒店的年均房价

但同时我们注意到，第三时期的房价水平（935.10 元至 970.11 元）恰好与 15 年前（2002 年到 2003 年）的房价水平（903.37 元至 981.60 元）相当。而当时这个水平区间正是上升通道中下一步跳涨前夕的平台。15 年前平均房价在这个区间只过渡了 1 年，就往上跳升了近 20%（从 2003 年的 981.60 元跳到了 2004 年的 1177.21 元）。而这一次平均房价在这个区间已滞留了 6 年（从 2012 年到 2017 年）（见图 7）。

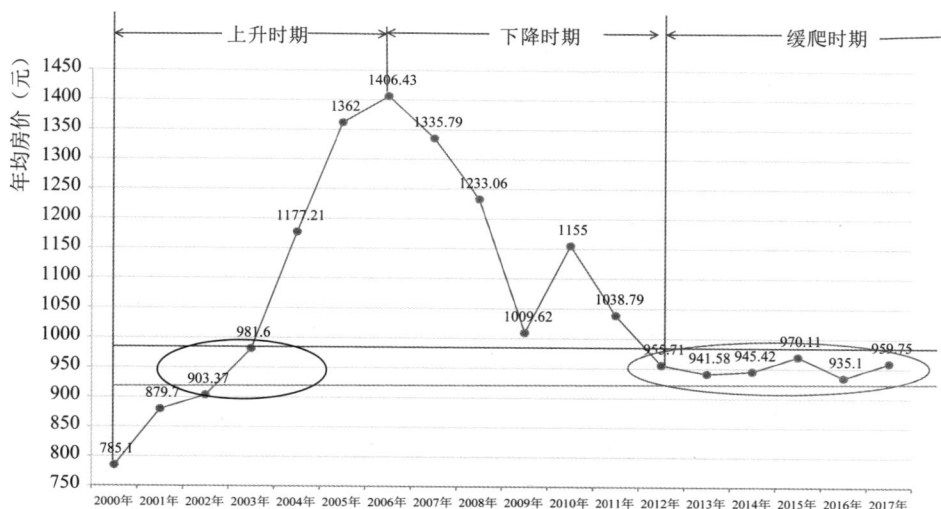

图7　这一区间正是上升通道中跳涨前夕的平台

其次从平均出租率看，它是逐年提高的——从 2012 的 59.08%
到 2017 年的 71.34%，6 年时间内提升了 12 个百分点，跨过了 60%
到 70% 的区间，因而明显属于复苏阶段（见图 8、图 9）。

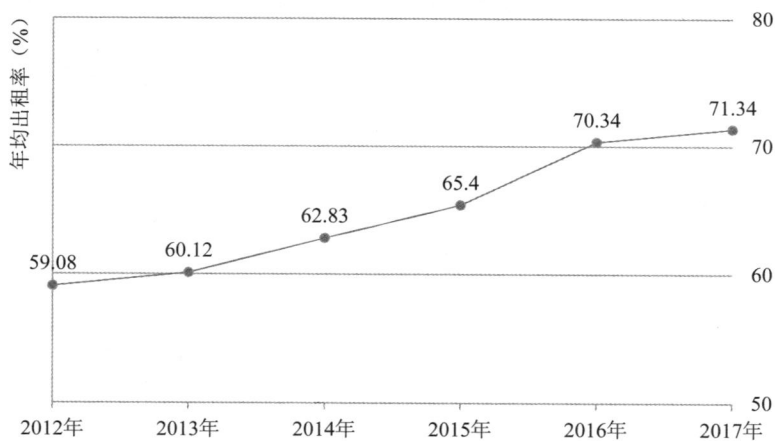

图8　2012—2017 年五星级酒店的年均出租率（一）

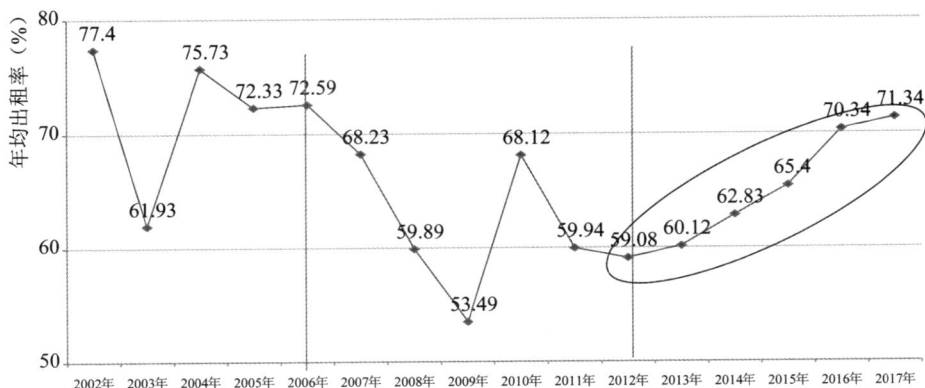

图9　2012—2017年五星级酒店的年均出租率（二）

可见在第三时期，酒店市场运行的两个指标分别处于商业周期（景气循环周期）的不同阶段：平均房价处于停滞（萧条）的阶段，平均出租率则处于复苏的阶段。所以这个时期实际上就是停滞与复苏两个阶段的叠合。

此外，虽然平均房价这六年是停滞的，但由于出租率是上升的，因此RevPAR总体上看是缓慢向上的，呈现缓坡爬升态势（见图10）。

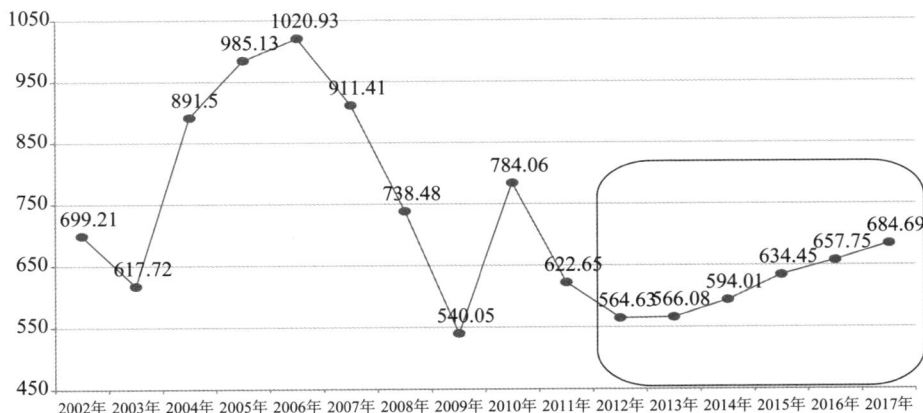

图10　RevPAR呈现的是缓坡爬升态势

（三）十八年运行轨迹给予的启示

1. 上海酒店业在完成了此轮商业周期（景气循环周期）的繁荣阶段和衰退阶段之后，目前正处在一个特殊的"缓爬期"。

2. 这个缓爬期是此轮商业周期（景气循环周期）中后两个阶段即停滞阶段与复苏阶段的叠合（价格的停滞＋出租率的复苏），其综合表现是 RevPAR 的缓坡爬升。

3. 这个缓爬期恰好是 15 年前景气突发的起步平台。

4. 在过去的 18 年中，上海酒店业实际上已经接近完成了一个景气循环的周期。目前正处在向第二个景气循环周期的过渡中。这个过渡期是长是短、何时能够结束，目前看来主要取决于市场平均房价的走向，即它是否和何时能向上突破。但这一关键条件的出现和成熟，非一己之力、一企之力所能为，也非行业自身所能为，是要靠市场和社会方面的动因来实现的。而且从历史来看往往是要有一个或几个起正面作用的重大事件来引发和推动。

（四）趋势拐点通常是由重大事件诱发、引爆或深化

从历史的角度看，趋势转化、拐点出现往往是由重大事件（活动）诱发、引爆或深化的。商业周期也是如此。以上海酒店业景气循环周期中的各个拐点为例：

1. 21 世纪初上海成功承办 APEC 会议和其他几个国际会议是引发和推动酒店业进入上升通道的背景事件（见图 11）

进入 21 世纪后，上海酒店客源市场的结构一直在发生变化。变化的大致方向是：旅游观光团队的比重相对缩减（虽然其绝对量在增加），商务会展和散客的比重逐渐增大；两者的消长幅度大致为每年 3~5 个百分点。由于旅游观光团队在酒店的消费一般仅限于客房（早餐包含在房费中）且房价较低，而商务会议和散客除房费较高

外，对其余各项设施（如餐饮、会议、康健等设施和卖品部）也多有消费；因而与上述客源结构比重变化相关联，酒店市场的平均房价逐年上升。高星级酒店的上升趋势更加明显。从而使上海酒店业在摆脱东南亚金融危机之后率先进入了 21 世纪第一个景气循环周期的上升通道。

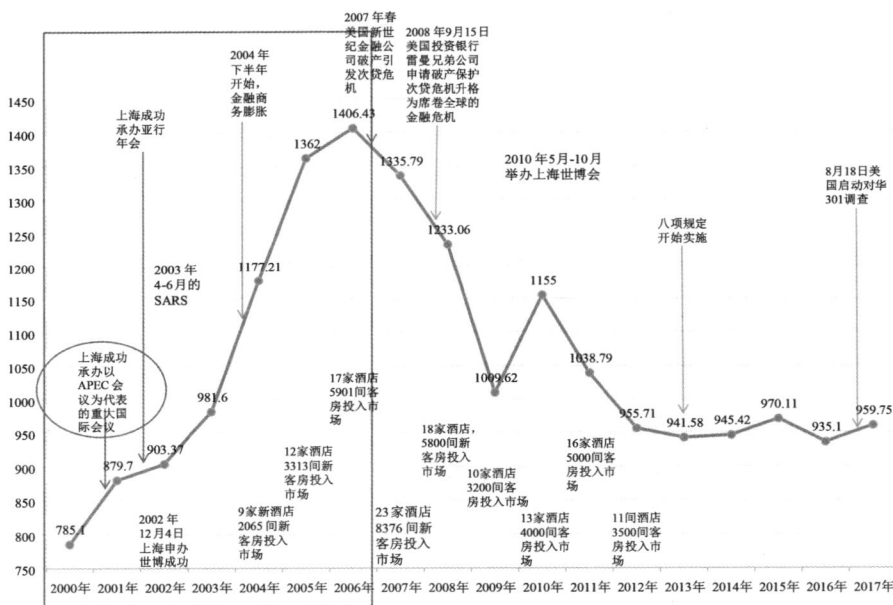

图 11　引发上升趋势的背景和事件

　　引发这种客源结构变化趋势的始因是当时上海成功举办了 APEC 领导人峰会等大型国际会议。众所周知，2001 年 9 月 11 日美国遭到了震惊世界的恐怖袭击。"9·11"后对恐怖袭击的恐惧忧虑迅速蔓延到各国。美国和西方国家发出劝诫令，要求国民停止外出旅行和参加大规模活动。一些国际组织和民间会议被纷纷取消或延期。然而就在忧恐氛围笼罩全球之际，上海却在 10 月份如期举办了亚太经济合作组织（APEC）的系列会议（10月15日至16日的高官会议，17日至18日的外交、外贸双部长会议，18日至20日的工商领导人峰会，18日至21日的工商咨询理事会会议和20日至21日的领导人非正式会议，即APEC领导人峰会）。会议举办之成功、组织之良好、氛围之轻快令世人对中国和上海刮目相看。上海作为一个安全系数高、组织能力强、接待服务周到的国际商务会展城市形象得到世界的认同。此后，不但一些大型的国际会议（如2002年的亚行年会等）如期在上海举行，许多在国外出于安全考虑被推迟或打算取消的会议也改到上海来进行。这就使得上海酒店市场的客源结构朝着商务会展比重增大的方向快速发展。

2004年后客源结构演变出现了新的特点：在比重不断增加的商务会展和散客板块中，金融及其相关商务细分板块又异军突起快速增大起来。所谓金融及其相关商务涵盖传统银行、投资银行、证券、基金、保险、会计事务、期货市场、要素市场等众多业务，其比重快速增大与我国入世后的金融缓冲期临近到期有关：世贸组织规定我国金融业入世后可以有五年的缓冲，在此之后则必须全面放开；然而虽然缓冲期的结束时间应该是2006年11月份，但实际上许多国际金融企业和机构为能争取更多市场份额都已提前进入国内打前站做准备，有的甚至变相地开展实质业务，而这些金融商鳄进入中国后的营运和活动重心又大都放在上海。这就导致上海酒店市场中的国际金融商务客源在2004年下半年后快速膨胀。

众所周知，金融商务客源是酒店中档次最高支付能力最强的一个层级，是豪华酒店消费族群中的贵族；金融商务在总体客源结构中比重快速增长的直接结果便是高档酒店，尤其是豪华酒店的价格被急速抬升：2003年上海五星级酒店平均房价在1000元以下，为

981.60 元；2004 年冲入四位数线，跃到 1177.21 元，增幅为 19.93%；2005 年又达 1362 元，幅度为 15.70%；2006 年 1406.43 元，为近年来的顶峰。值得注意的是，在 2004—2006 年，高档、豪华酒店的客房存量也在快速增加，年增速均在两位数之上，市场供应逐渐由紧缺向供余转化，酒店平均出租率因而逐年下降。在这一环境下，豪华酒店房价不跌反升，而且升幅大大超过出租率的下跌幅度，不可不谓是奇特现象。其个中原因便是金融及其相关商务的快速增长顶撑了豪华酒店房价使然。

2. 2007 年新世纪金融公司和 2008 年雷曼兄弟公司破产引爆的美国次贷危机和全球金融危机是引发和深化下降趋势的重大背景事件（见图 12）

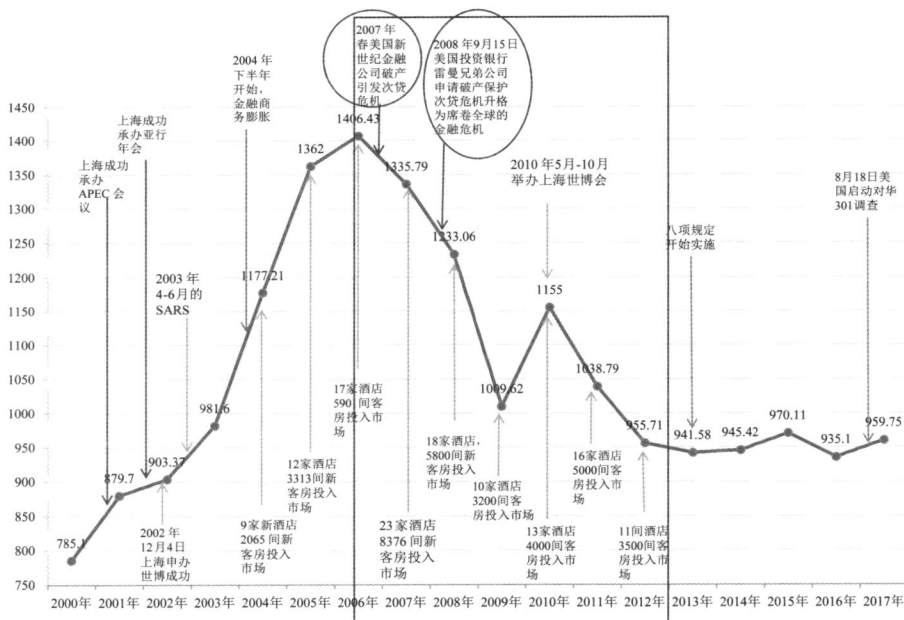

图 12　引发下降趋势的重大背景事件

2007 年上海酒店房价走势出现拐点。这年春天以新世纪金融公司破产为标志的美国房贷泡沫露出水面，8 月份发展为波及全美的次贷风暴。这场与金融直接相关的危机当时虽然没有直接波及国内经济，却大大削减了上海酒店市场中来自北美的金融及其相关商务活动的住宿需求量，使客源结构中金融商务比重本可继续扩大的趋势受到抑制，酒店房价因此失去了进一步爬升的支撑力；再加上这一年高档豪华酒店客房创纪录地新增 8351 间，市场供余扩大的压力第一时间波及出租率并迫其下调，然而当出租率行至临界仍不足以消化供余时，下行压力便被传导到房价上并迫其下调。在客源结构和供求关系两维负压的叠加作用下高端酒店的价格趋势开始逆转：2007 年五星级年均房价 1335.79 元，比 2006 年下降了 5.02%。

2008 年高端市场价格进一步跌挫：五星级年均房价 1233.06 元，比 2007 年又下降 7.69%。在此次房价跌挫中起主导和决定作用的是 2008 年爆发的全球金融风暴。它对上海酒店市场造成的影响是：在急剧减少入境游客和商务人士的同时，减少了 70% 以上来自境外的会展商务，尤其是金融商务活动，并迫使还留在中国的金融商务机构在削减机构人员与不必要活动的同时下调了在酒店的商务消费能级（如危机发生后的大摩、高盛等公司，对必须商务活动中使用的酒店由一概五星改为普通员工限住四星、由人皆单间改为两人一间、由听任酒店一口报价改为与酒店讨价削价）。其结果是金融商务在市场客源结构中的比重急剧回缩和高端酒店价格的大幅回落。可见金融危机的影响在 2008 年上海高端酒店房价跌挫过程中起着主要作用，是这一过程发生的充分必要条件。

3. 2010 年上海世博会的后续影响是上海酒店业率先摆脱下降通道、进入缓爬期的因素（见图 13、图 14）

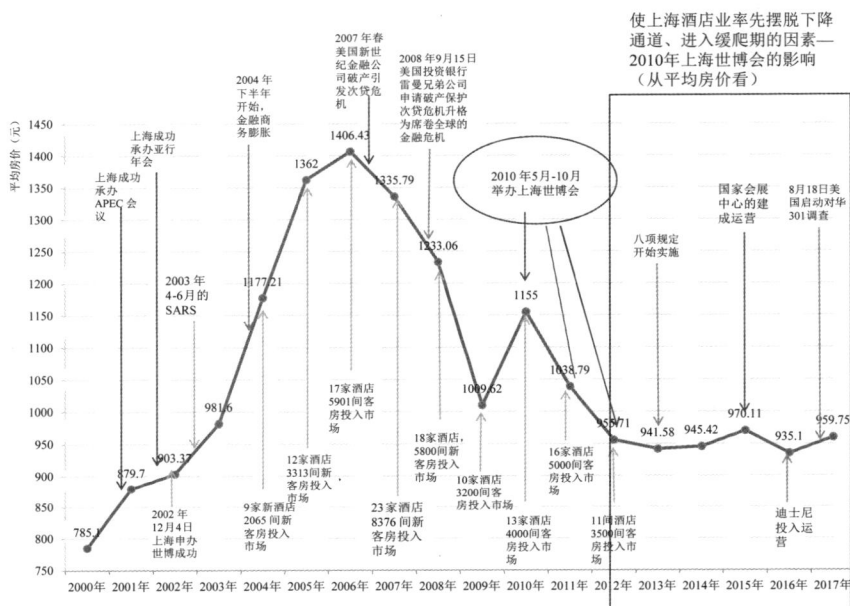

图 13

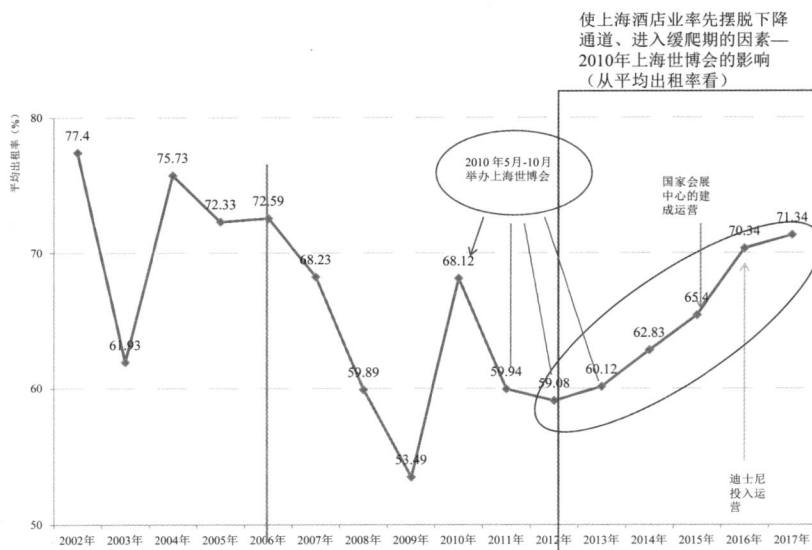

图 14

2010 年，正当美国起蓬头的金融风暴在全球肆虐、深化，西方多国出现前所罕见的主权债务危机，有的甚至濒于"国家破产"边缘；而中国经济和酒店业受危机影响处在下滑通道之中，未知何时见底之时；5 月 1 日至 10 月 31 日在上海成功举办了世界博览会。此次世博会规模之大、参展国之众、观博客之多都达到历次世博会之最。世博会展出的 6 个月中，上海酒店的平均出租率达到历史同期的最高水平。平均房价虽呈现差异：中、低档酒店异常坚挺，卖出了历史最好水平；高端酒店价格表现较为平平，没有达到其能级所能达到的水平（这与世博会的客源结构有关：7000 多万人次中，95% 以上为观博客，商务客不足 5%），但也是处在高位之中。世博会期间 6 个月酒店的经营业绩推高了全年的平均出租率和平均房价：2010 年五星级酒店的全年平均出租率达到 68.12%，比 2009 年的 52.49% 增加了 15 个多的百分点，五星级酒店全年的平均房价 1155 元，比 2009 年的 1109.62 元增加了 4.1%。

2010 年世博会虽然没有立即改变当时酒店市场的基本面，以至于世博结束后的 2011 年上海酒店业仍然回到惯性下滑中；但世博会在 6 个月中以大幅反弹拉升出租率和房价的行为阻缓了惯性下降的速度和幅度、抬高了下降通道的底部，为后续上海酒店业在全国率先摆脱下降期，进入缓爬期打下了基础。世博结束后的第二年 2012 年，五星级的平均房价就被阻截在了 900 多元的平台区内，连续 6 年没有下滑；五星级的平均出租率成为后续 6 年持续爬升的起点。所谓缓爬期由此开始。

4. 景气循环新周期的开启同样需要重大事件的引领和推动

处在新时代的上海酒店业不会满足于长期滞留在缓坡运行阶段。对标"世界卓越城市"要求酒店业在出租率、房价、RevPAR 上有新的突破。这就要求现有客源结构和供求关系的调整变化，即酒店市场整体客源结构的优化和供求关系的动态平衡。为此固然要有酒店行业的人为努力，更要靠背后的市场社会动因。要有对现有资源配置、营商条件、发展环境的更大改变。这种改变不是靠一己之力、一企之力甚至整个行业之力能够实现的；至少要在全市全域范围内，靠政府主导，协调各方来共同完成。正如成功举办 APEC 会议促成了上海酒店业进入 21 世纪的第一个景气循环周期一样，21 世纪第二个景气循环周期的出现也需要重大事件活动的引发和推动。进博会入驻上海有望为实现这种改变提供契机，从而为酒店业开启进入新周期的大门。

（五）进博会具备为酒店业开启新周期的条件

1. 进博会的概况

2017 年 5 月，国家主席习近平在"一带一路"国际合作高峰论坛上宣布，中国将从 2018 年起举办中国国际进口博览会。（即进博会）首届进博会将于 2018 年 11 月 5 — 10 日在国家会展中心（上海）举办。它有可能成为上海酒店业在新时代有突破性发展的契机。

从组织层面看，进博会由中华人民共和国商务部、上海市人民政府共同主办，由世界贸易组织、联合国贸易和发展会议、联合国工发组织等国际组织为合作单位，由中国国际进口博览局、国家会展中心（上海）承办。它类似于世博会，是由国家层面发动，在城市全域范围内，由政府主导，协调各方来共同完成的大事件。

从展会内容看，进博会包括展示、交易、论坛三大块，规模盛大，配套活动丰富：

一是国家贸易投资综合展。面积约 3 万平方米，由相关国家和地区展示贸易投资领域有关情况，包括货物贸易、服务贸易、产业状况、投资旅游，以及各国有特色的产品，只展示不成交。

二是企业商业展。约 21 万平方米，由货物贸易板块和服务贸易板块 2 大板块组成。货物贸易板块设智能及高端装备、消费电子及家电、服装服饰及日用消费品、汽车、食品及农产品、医疗器械及医药保健等 6 大展区，总面积约为 18 万平方米。服务贸易板块设新兴技术、服务外包、创意设计、文化教育、旅游服务等展区，总面积约 3 万平方米。

三是虹桥国际经贸论坛。"虹桥国际贸易论坛"将在进博会期间举办，聚焦"贸易与开放""贸易与创新""贸易与投资"等议题，为推动全球贸易发展和促进世界经济增长建言献策。

进博会在上海举办有以下有利条件和亮点：

一是市场巨大，消费和进口快速增长。中国拥有全球最多的人口，是全球第二大经济体、第二大进口国和消费国。上海又是中国最大的城市。目前中国已经进入消费规模持续扩大的新发展阶段，消费和进口具有巨大增长空间。未来 5 年，中国将进口超过 10 万亿美元的商品和服务，为世界各国企业进入中国大市场提供历史性机遇

二是辐射全国优势突出，效果明显。上海地处长江三角洲经济区，区位优势突出，经济实力雄厚，服务行业发达，具有全球资源配置能力。上海港集装箱吞吐量连续 7 年位居世界第一，空港旅客吞吐量超过 1 亿人次，航班网络遍布全球 282 个城市。

三是展会规模盛大，配套活动丰富精准。首届进博会有 100 多个国家和地区的企业参展。将举行供需对接会、行业研讨会、产品发布会等配套活动。上海具有与此规模和配套活动相适应的设施（国家会展中心）和条件。

四是可以实现多种措施并举，全面高效做好服务保障。主办方将为进博会提供通关、检验检疫等方面的便利措施，长期提供线上线下一站式交易服务，加大知识产权保护力度，保障客商权益。

五是可容纳数量众多的专业采购商，满足强劲的采购需求。进博会以中国各省、自治区、直辖市为单位，组织各地企业到会采购，同时邀请第三国客商到会采购，国内外专业采购商预计将达 15 万家之多。上海有海纳百川的传统并素来以此为己任，有秉性有能力容纳如此之多的商客，并提供最好的服务。

2. 进博会具备推动上海酒店业进入新周期的条件

举办进博会是中国政府坚定支持贸易自由化和经济全球化、主动向世界开放市场的重大举措，有利于促进世界各国加强贸易交流合作，促进全球贸易和世界经济增长，推动开放型世界经济发展。

对于举办地上海来说，无疑是推动全面改革创新，优化市场条件和营商环境，汇聚世界各国人流商机，跻身国际商业贸易特大都市的契机。

而从酒店业发展角度来看，进博会具备以下有利条件，有可能成为推动行业重拾升阶、开启 21 世纪景气循环第二个周期的契机：

（1）进博会是实施共建一带一路的组成部分，其影响、关注度和参与度将随着一带一路的推进而扩至全球。

（2）进博会及其相关活动汇聚的人流客流物资流将在上海酒店市场形成巨大的住宿需求。

（3）进博会以商务群体为核心的人流有可能改变上海酒店市场目前客源结构，使之朝着商务会展比重增大的方向倾斜。

（4）进博会在上海的"入驻"将使上述各项具有持续效应。

二、上海酒店面临的机遇与挑战

（一）机遇

1. 进博会引发的住宿需求或将推升上海酒店市场的平均出租率。

2. 上海酒店市场的客源构成或因进博会及其持续效应朝着商务会展比重增大的方向倾斜。

3. 上海酒店业者将坐拥接待全球贸易客商，从而最大限度获取向世界展示自己、拓宽自身业务渠道、扩大客户市场的机会。

（二）挑战

1. 进博会期间出现的住宿需求冲击波可能会对酒店日常运营产生压力。

2. 要同时满足世界各地不同民族种族各种宗教、风俗和生活习惯的需求，对酒店服务质量和产品适配性是巨大的考验和挑战。

3. 供应侧增量或许会对酒店供求动态平衡产生潜在威胁。目前上海酒店市场上供余量仍然存在，尤其是结构性供余、隐形供余短期内难以完全消化掉。在今后两三年内还会不断有新酒店入市。目前新增或者潜在进入市场的住宿产品中非标产品居多，其中不少（如民宿等）与市场的适配度较高，标准酒店、存量酒店有被边缘化的压力感。

4. 国际环境的动荡因素（中美贸易战发展的不确定性）有可能导致经济增长放缓和大众消费需求量的相对收缩。

5. 政策因素对高端酒店消费量有制约。

6. 酒店一直以来的人力资源紧缺矛盾继续存在，并在高峰时段形成新的营运瓶颈。

三、关注宾客视角，确保服务质量，全力做好进博会的接待工作

（一）做好前期接待准备

1. 质量标准和服务技能培训

2. 硬件设施和环境改进。摆正态度积极应对各职能部门检查

3. 安全制度和应急预案检查。消防和应急训练

4. 按照要求执行临时价格干预措施

（二）接待过程中，要关注宾客视角，确保服务质量

1. 服务质量评价的二维视角

对旅游企业和员工服务质量评价客观上存在二维视角：一是业界视角：强调旅游企业和旅游服务过程的标准化，着眼于操作规范、操作流程、员工技能与素养。二是游客视角：关注于自身需求是否得到满足。就具体游客而言，评价服务质量好坏是看产品满足自身需求的程度。自身需求满足的程度就是衡量服务质量的尺度。两者总体是统一的，但存在关注重点的差异和一般与个性的差异。应当正确处理，予以兼顾。

2. 对客服务的两重属性

从根本上来说，服务质量的实质是满足客人的需求。从客人角度来看，需求满足的程度就是衡量服务质量的尺度。客人需求的满足是由环境、设施、人工三个方面综合起来实现的。其中人工（即员工的服务）起主导作用。

人工服务涵盖两个层次的内容：实现客人基本需求的服务（功能性的服务）和娱悦客人精神的服务（心理性的服务）。实现客人基本需求的同时娱悦客人精神应是旅游业者必须具备的素质和努力践

行的方向。

3. 提升职业素养、确保进博会接待服务高质量

如何提升素养，确保服务质量？

一是要树立一个指导思想：密切关注并尽量满足宾客的需求，高效率地完成对客服务。

二是要遵循三个待客原则：①接受的原则；②重视的原则；③赞美的原则。

三是要坚持四个服务要素：①诚信；②主动；③热情；④周到。

四是要掌握六门悦客技巧：①言谈沟通的技巧；②揣摩需求的技巧；③获取好感的技巧；④自信自豪的技巧；⑤团队合作的技巧；⑥随机应变的技巧。

行业管理篇

美国万豪集团考察报告

2003 年 2 月

　　2002 年 10 月 31 日至 11 月 10 日，我随国家旅游局组团赴美国对万豪集团及美国的其他一些酒店进行考察。在美期间走了华盛顿、纽约、拉斯维加斯、旧金山、洛杉矶和夏威夷六个城市，参观了万豪、斯达屋、雅高、六洲、希尔顿、最佳西方等集团的酒店及其他单体酒店 23 家，与近 20 位高级酒店管理人员进行交流。特别是在华盛顿专程访问了全球最大的酒店管理集团之一万豪集团的总部，参观了它的全球营销部、建筑设计与建造部、预订部、建筑装修材料样品陈列间、各品牌酒店样板客房、厨房厨具检测试验室、总部的员工餐厅等，并分别与总部各级各部门的负责人进行了座谈。在美国各地我们被安排住在万豪系列的酒店里，如华盛顿的 J.W. 万豪酒店、纽约紧靠世贸中心旧址的万豪金融中心、拉斯维加斯的万豪套房酒店，旧金山的万丽 Parc55，洛杉矶的万丽比佛利，夏威夷的威夷基万丽等。因而对万豪集团的印象比较深刻，对它的发展历史、规模、组织结构、品牌划分、营销策略和在中国区的发展战略有了比较全面的了解。同时也感到万豪集团在其发展过程中的一些经验教训对我国本土酒店业集团的发展有一定的借鉴作用。因此，我把回来后写的考察报告中有关万豪集团基本情况的部分和个人体会拿出来，介绍给业内同行，以供大家参考。

一、万豪集团的基本情况

（一）万豪集团的发展历史

万豪集团是注册在美国的家族式企业集团，创始人是 J.W. 万豪先生（John Willard Marriott）。公司最初从餐饮起家。1927 年 5 月 20 日，万豪先生在华盛顿用租用特许权的方式开了一家菜根汽水店，不久又发展热辣菜馆、路边餐馆，树起了快餐业 Hot Shoppe 的品牌。1937 年后进入航空食品领域，并逐步形成一个综合性的企业集团。万豪集团首次介入旅馆业是 1957 年，当时万豪先生在弗吉尼亚州建成世界上规模最大的汽车旅馆——双桥旅馆。两年后建成开张第二家汽车旅馆——基桥旅馆。以后又陆续建造和收购一些酒店，形成了酒店业集团的基础。随着业务扩大，万豪集团逐步把发展的重心转到酒店管理方面。1978 年正式把自己定位为酒店领域的管理公司，而不是酒店业主公司。20 世纪 70 年代末和整个 80 年代期间，万豪集团发展的速度很快，特别是 80 年代中后期，几乎平均一个星期就开业一家酒店。当时万豪发展酒店管理的模式是：选好的位置建造酒店——将建成的酒店出售——同购买酒店的新业主签订长期管理合同。1990 年秋，美国经济衰退，房地产缩水。万豪集团手中的大片在建项目被迫下马，公司面临极大困境，不得不裁减总部机构（建设和发展两个部门及一千名人员）。1992 年，为了摆脱遗留工程和沉重债务的拖累，保持公司的灵活发展，万豪集团一分为二成立了两个公司：侯斯特万豪（Host Marriott）公司和万豪国际（Marriott International）公司。前者负责酒店房地产及其债务，后者专司酒店管理。重组后的万豪，将航空食品、快餐特许经营店等资产转让，集中力量经营住宿业。特别是万豪国际公司，其主要精力是从事和发展对酒店的合同管理。20 世纪 90 年代中后期万豪通过一系列兼并活动使其管理酒店的规模又一次迅速扩大。其中特别是 1997 年对新世界—华美达集团的兼并和 1998 年对丽嘉集团的收购控股使它获得了文艺复兴（Renaissance，现译为万丽）、丽嘉（Ritz–Carlton）、新世界、华美达（Ramada）等品牌名下的几百家酒店。目前，万豪集团系列的酒店有 2500 多家；万豪国际公司合同管理的酒店数量在全球各酒店管理公司中排列第一；客房总数超过435 900 间，在全球排名第三。除了在全球管理或经营酒店外，在美国还经营着 160 多个老人生活服务社区。

（二）万豪集团的品牌系列

万豪国际公司在短期内规模迅速扩张，主要是依靠其管理和系列品牌。万豪系列的品牌有的是自己创立并在多年经营中得到了市场认同的（如万豪、JW 万豪、万怡、仙境等），有的是通过收购、兼并其他著名酒店品牌来实现的（如丽嘉、万丽、新世界、华美达、居住旅店等）。它们覆盖了酒店业从超豪华到经济型的各种细分市场，具有极高的市场认知度。这些品牌的声誉又反过来衬托了万豪国际公司的声誉，壮大了其整体实力。到目前为止，万豪集团拥有的各种酒店和住宿设施的品牌约有 16 个之多，他们分别包括：

JW 万豪酒店（J. W. Marriott Hotels）：这是万豪的旗舰品牌，属豪华酒店，以集团创始人 John Willard Marriott 的名字缩写命名。目前共 23 家（美国境内 8 家，境外 15 家）。

万豪酒店、度假村和套房酒店（Marriott Hotels，Resorts & Suites）：这是万豪公司最早的核心品牌，以城市商务酒店、度假村酒店和套房酒店的形式出现，面对高消费阶层提供全方位高质量服务。目前共 439 家（美国境内 288 家，境外 151 家）。

丽嘉酒店（或译丽兹·卡尔顿酒店，The Ritz–Carlton Hotel Company，L.L.C.）：属于超豪华品牌。原为独立酒店集团，1998 年 3 月被万豪集团控股收购。在世界酒店业中，它是以能够提供最好的设施、餐饮和服务而著称的。目前在全球共 48 家（美国本土 30 家海外 18 家）。

万丽酒店、度假村和套房酒店（Renaissance）：原称文艺复兴酒店，1997 年 3 月被万豪集团收购。属于高档酒店系列，主要为商务、会议、度假旅游提供全方位的住宿服务。通常位于大城市的商业区和机场附近。目前全球 123 家（美本土 59 家，海外 64 家）。

万怡酒店（Courtyard by Marriott）：又称万豪庭院酒店。属于高档的经济型酒店，其特点是为商务和观光旅游者提供良好的住宿服务。它的设计风格与周围环境往往给住客一个临时的住家的感觉。目前共 578 家（美国 529 家，海外 49 家）。

万豪居住旅店（Residence Inn by Marriott）：长住型酒店，以"家外之家"为宗旨而设计。它的特色是：每天早上提供免费的早餐和新闻报纸，有游泳池和温水浴，起居室与卧室分开，厨房的设施完备，配有电器用具和烹调器具。通常是建成两层的住宅小区。目前共 411 家（美本土 399 家，海外 12 家）。

仙境旅店（Fairfield Inn by Marriott）：中档经济型酒店，重要服务对象是各种商务客人和旅游者，以非常经济的价格提供干净、舒适、高质量的住宿环境和热情周到的服务。该品牌酒店的特点是：每天提供免费的大众化早餐，免费市内电话，可以移动的大工作台，还有室内或室外游泳池。目前有 500 家，均在美国内。

斯普林黑尔套房酒店（Spring Hill Suites）：是一种适用面很广

的中高档经济套房酒店，主要吸引商务和旅游者，特别是妇女和家庭。客房面积比同一档次的酒店客房大 25%，住店客人一般停留 1~5 天。该品牌酒店的主要特征是：免费大众化早餐，当天可取的衣装干洗服务，室内游泳池，旋流温水矿泉浴和健身房。目前共 96 家（美国内 95 家，国外 1 家）。

华美达国际酒店（Ramada International）：高质量中档价位酒店，主要为商务和观光旅游者服务。为客人提供多种餐厅、会议和宴会设施、游泳池和健身中心等，客房配备带写字台的工作区、传真电源插座。华美达品牌始创于 20 世纪 50 年代，1997 年被万豪收购。该品牌酒店主要采用特许经营制，在美国本土外发展。目前共有 143 家。

汤普雷斯套房酒店（Towneplace Suites by Marriott）：中档价位长住型套房酒店，为讲究适用的旅游者提供像家一样的服务和方便设施。其特征是：设施齐备的厨房、健身房和户外游泳池。提供分开的起居室和工作区，两条电话线分别连着资料库和额外的电视电影频道。目前仅限美国国内有，共 103 家。

万豪国际度假俱乐部（Marriott Vacation Club International）：是提供高档度假条件的别墅型酒店。提供超大型的工作室、宽敞的起居室、餐厅、主卧室、浴室、个人阳台、设施齐备的厨房和洗衣房，有一居室、两居室、三居室三种不同的风格。该品牌也经营分时度假。目前全球共 52 家。

依格赛库斯兑（ExecuStay by Marriott）：公寓品牌，1999 年被万豪集团兼并。其战略目标是提供设施完备的公寓式套房，包括所有的公用设施，电话，闭路电视和服务员服务。目前在美国管理着 5200 多套。

万豪行政公寓（Marriott Executive Apartments）：是针对高消费阶层的公寓式住宅设计的酒店，主要是为了满足商业行政旅游者在海外大都市停留 30 天以上的住宿需要而设计的。采取短期租约形式。目前在全球共 11 家。

万豪会议中心（Marriott Conference Centers）：主要是针对小型和中型会议市场的酒店，为团体游客提供会议厅、现代化的视听交流技术、娱乐和实验学习设施以及会议餐。目前仅在美国，共 13 家。

保尔盖里酒店和套房酒店（Bvlgari）：这是最近在欧洲初始推出的品牌，属丽兹·卡尔顿系列。目前正试图进入中国市场。

新世界酒店（New World）：原为香港新世界集团拥有的酒店品牌，主要在亚洲地区。1997 年被万豪集团收购，成为万豪下属酒店。

（三）万豪集团的营销管理

在全球管理 2500 家酒店的万豪集团十分重视营销的作用，每年均投巨资于市场营销和广告。J.W. 万豪先生曾提出过营销广告有三原则：一是以尽可能低的代价把信息传给尽可能多的人，二是把信息不断地传递给尽可能多的人，三是在顾客头脑中不断地留下一种突出的不可磨灭的印象。随着业务的不断扩展和企业的不断壮大，目前整个万豪集团从事营销人员达 7000 人，形成了一套由三个层面构成的金字塔形的营销体系。最基础的层面是 Event Booking Centers & Property Sales（Property and Multi-Property Sales），这是基层酒店级的销售机构，由各酒店的公关营销部构成，从事本酒店客房，餐饮和会议的销售，揽接各种活动的预订等。这个层面在全球共有 6000 多人。第二个层面是 Market Sales（Group Sales，Neighborhood Sales）。这是地区一级的营销机构，具体负责大型企业集团的销售（Group Sales）和各酒店所在地区的常驻企业的客户销售（Neighborhood Sales），同时还从事本地区的市场分析，根据市场需求和营销策略提出本地区酒店的参考房价。这个层面在全球约有 600 人，中国大陆目前还没有，但正在考虑 2003 年在上海地区先筹建。第三个层面是 GSO（Global Sales Organization），即全球销售组织，是万豪总部一级的机构，负责万豪的全球营销。GSO 在世界许多地方设有办事处，负责联络、协调和指导跨地区的营销，总人数有 300 人。目前中国的上海、北京和香港设有 GSO 办事处。

万豪集团在通过营销全力开发客源市场中，十分注重培养忠诚顾客。方法主要有两个：一是提高客户满意度。对那些入住万豪酒店的客人，想方设法提供各种服务满足他们的需要，使其留下好的印象，以便今后无论到什么地方，都选择入住万豪的酒店。二是推行累计得分的万豪奖励活动（Marriott Rewards）。万豪集团与全球 38 家国际航空公司合作，凡在万豪旗下酒店住宿，每花费 1 美元可累计 10 个积分点，或者 3 英里里程。当积分达到一定数额时，可免费入住全球的任何一家万豪酒店，或者兑换成航空奖励、欧洲旅游、滑雪假日、高尔夫计划等。从万豪集团的宣传口号"万豪奖励计划，最优惠的旅行方式"（Easily the most rewarding way to travel）"无论你带了什么鞋子，我们都有适合你的免费旅行"（We have a free trip to match whichever shoes you have packed）中足见其奖励项目规模之大、范围之广。

（四）万豪集团的酒店预订系统

与许多全球性的酒店管理集团一样，万豪集团有自己的被称为 MARSHA（发音为"麻夏"）的预定系统。MARSHA 是"Marriott's Automated Reservation System of Hotel Accomodations"（万豪酒店住宿自动预订系统）的首字缩写，是万豪集团全球预订中心的简称。

MARSHA 有三个接入渠道揽接全球预订业务：一是与 GDS（The Global Distribution System）即旅行业的全球预订分销系统衔接。通过这一接入它与全球的航空公司，各大旅行社和编布各地的旅行代理商直接相连。二是电话预定。万豪有统一的电话预定中心，对外公布统一的 800 打头的免费预定号码（我们在美国注意到，无论住在万豪的哪家酒店，酒店的宣传品，如信笺上都只印着一个电话号码，即万豪统一的预定号码，而不是像我们国内的酒店，各自印自己的号码）。这样，客人（包括散客）打电话预订客房，都通过 MARSHA 系统来统一处理。三是通过设在因特网上的网页。客人从网上作预定都自动输入到 MARSHA 系统。另外，MARSHA 又与万豪集团的各酒店联网，建立最后一间空房的显示机制。这样，无论哪个渠道过来的预定，都能当场予以确认。如果客人要求的酒店已经订满，系统可以自动地与客人沟通，推荐万豪集团在当地的其他酒店并当场做出确认。MARSHA 系统有强大的酒店预订功能，平均每年要为万豪旗下的酒店提供客房总量 50% 以上的预订（目前在中国地区的酒店中提供的量还不多，平均约占 10%，但其售出的房价要远高于在国内向外售出的房价）。当然，MARSHA 提供的预订不是免费的午餐，系统从每个预订中都要收取预订费（一般是 7~9 美元每间 / 夜）。

（五）万豪集团的企业文化

作为一个有 2500 多家酒店、225000 名员工，事业遍布全球各大洲的酒店集团，万豪是靠特有的企业文化来维系凝聚力的。万豪的企业文化应当有这么几层内容。一是以员工为本。我们在访问中注意到，万豪的管理层中推崇这样两句话："付出给员工的，员工会回报给你""关爱你的员工，员工就会关爱你的顾客"。其实这两句话就是万豪企业文化的基础。万豪把员工作为最重要的人力资源看待，并有一系列措施来实施对员工的感情投资，保证员工获得优厚待遇，体现员工个人价值，并建立公平的竞争机制使员工有晋升的机会。例如，万豪集团有一个利润共享活动，即员工参与一部分红利的分配，每年要拨出 2000 多万美元作为利润发给员工。有一件事体现了万豪善待员工的精神：1990 年秋是万豪历史上最困难的时期，中东石油危机和北美房地产不景气使经济形势急转直下，公司的几十处用贷款在建的酒店项目被迫下马，资金陷在里面，负债累累。为了避免倒闭或被兼并，不得不裁掉多余机构。有 1000 多名员工将被迫下岗。这时，一贯提倡把员工作为家庭成员关爱的万豪提出了要尽最大的努力帮助将要下岗的员工，认为将要下岗的员工应该在寻找工作方面得到公司最大可能的支持。万豪在总部旁边建立了下岗员工安置中心，专设一批工作人员花大量时间为每个下岗人员做选择方案，帮助他们准备简历，寻找工作岗位，应对当时特别收紧的就业市场的压力。下岗员工在中心接受专业咨询，面试指导。中心还专设了一排分别隔开装有电话的小屋，供下岗人员每天来此了解信息跟踪就业线索。最后，1000 多人中 90% 被安置了工作。只有两人因未找到工作向法院提起诉讼，但他们的标的很小，而且最后也以温和的形式协商解决了，整个善后工作非常平稳，足见善待员工的结果。二是大家庭与团队精神。在万豪，各级管理层都被要求在本企业营造大家庭的气氛，把员工当作家庭成员来对待，生病了要去看望，遇到麻烦了要去帮助，想交谈时要认真倾听他们的意见。员工之间也提倡互相帮助互相关爱。我们听说这样一件事：一位员工身患癌症，她的两位同事主动放弃休息，坚持每天到医院和家中照顾病人，连续两年多从不间断。董事长万豪先生得知此事后也亲自到医院去看望，发现这两位同事像天使般守候在病人身边。他后来用"董事长奖"的形式特别表彰这两名员工，宣扬她们的互爱精神。三是亲历操作、一线管理（"HANDS ON" MANAGEMENT）的精神。万豪集团提倡管理层深入一线，熟悉情况，亲历操作。认为这与善待员工、营造家庭氛围和弘扬团队精神是一致的，因为只有在一线才能亲近员工，使员工感到有人可以倾诉，从而了解员工的要求和疾苦，也才能发现问题予以解决。万豪集团的创始人约翰·威拉德·万豪有个习惯，到一个酒店就常常直奔大堂，在那里一坐几个小时听员工唠叨，越听兴趣越浓，酒店的经理不得不陪坐在旁边。有一次他发现某个员工说话似有顾忌，事后立即调查，发现酒店的经理是个压制言论的人，立即对他进行了处理。他对酒店业务的介入也非常仔细，每个数据都要了解，并直接指示该怎么做。现任董事长小万豪同样亲历操作、务尽其细。凡是世界各地新接受管理的酒店，其设计和装修图纸方案都必须送到华盛顿总部审核，由小万豪亲自过目。这种精神作为企业文化被提倡和自觉遵守，同时也作为考核各级管理人员的一条标准。据说前、后任董事长都曾亲手撤掉过不合这个标准的人。

（六）万豪集团对中国市场的考虑

万豪集团认为，在全球经济不景气的环境下，中国市场仍会呈向上的趋势，因此采取看好的态度。按照万豪总部发展规划部副总裁的说法是：在其他地方基本不动的情况下，我们在中国还在发展。万豪集团旗下各品牌目前在中国大陆地区共有近20家酒店，计划到2010年将发展到50家。上海是万豪认为最有潜力，因而也是最看重的城市。目前万豪旗下有7个品牌已在上海地区管理，或已签约将要管理9个酒店（其中万丽和华美达各有两个），另有些项目还在接洽中。上海已成为亚洲地区唯一拥有万豪在美国海外所有 7 个品牌的城市。按照其发展计划，万豪集团在上海的酒店最终要达到近 20 家。万豪集团目前仅存在于美国国内的品牌（如仙境旅店等）是否会进入中国，万豪方面表示只要条件成熟不是没有可能。万豪在中国发展的形式，主要还是合同管理，也有小部分采取特许经营（用华美达品牌）。当问到是否有投入资金建造酒店的打算时，万豪总部发展规划部副总裁表示，如果有确实好的项目，万豪会采取为项目担保的方式投入。

二、访问考察后的几点体会

此次美国之行，对万豪集团的运作方式、理念、策略等有了较深入的了解。联想到我们国内酒店集团的发展，有许多地方是值得借鉴的。

（一）酒店集团规模要做大，应有资本运作与发展管理两手操作，以发展管理为主

万豪从 1957 年进入住宿业到今天成为全球管理酒店数量最多的集团之一，采取的是以发展合同管理为主，结合以资本运作，资本运作促进合同管理扩大的模式。一方面，它把发展的主要途径锁定在合同管理上。由于酒店具有存量资金集聚，回报周期长的特点，单靠酒店物产的增加来实现规模发展是受到限制的。而合同管理靠的是品牌、制度和人力资源的支持，相对来说成本低，风险也小。因此万豪住宿业虽然在起步阶段是以建造、购买和拥有酒店资产为主的（这对一个新入业者也许是必不可少的），然而当发展到一定程度以后，便及时地将战略基点调整到扩大合同管理上，这为它后来规模上的两次跳跃式的扩大奠定了基础。另一方面，它又适时

采用资本运作的手段来支撑管理合同的销售和管理规模的扩大。尽管合同管理具有成本低、进退灵活性大、避险性强的特点，但是在必要的时候还要有资产操作手段来起保障和杠杆作用。例如，1978年后的 12 年是万豪历史上的一个快速发展时期，万豪明确了自己作为管理公司而不是作为业主公司的定位，管理规模迅速扩大，尤其是 80 年代末平均每星期就有一家新管理的酒店开业。它当时的手段是：贷款购地皮建酒店——酒店出售给业主收回资金——同时与业主签订长期管理合同。这里，资产运作与长期管理合同的销售相结合，目的是销出合同，而资本运作是保障合同得以售出的手段。又如，90 年代后期万豪对文艺复兴（Renaissance，现译为万丽）集团和丽嘉集团的两次购并，未涉及各家酒店的产权（产权还在酒店各自的业主手中），但却使文艺复兴（万丽）、新世界、华美达、丽嘉等品牌下几百家酒店的管理权归到了万豪的旗下，资产运作起到管理规模扩大的杠杆作用。联想到我们有些本土企业在集团化规模问题上被框在定式里，他们的思维词典中规模扩大就是指资金存量和物产规模的增加，没有看到还有管理规模的扩大。管理规模固然是以一定量的物产或存量资金为基础，但它的发展能形成和持续增值无形资产并带来源源不断的现金流，最终也带来了资金和物产的增加。这些受思维定式困扰的企业好比是老牛拉犁，也许能够耕作得好，却跑不起来。更多一些企业已经意识到发展管理是酒店业集团发展规模扩大的一条途径，但是在实际的操作当中却难以把它与资本的运作有机地结合起来，资本运作管资本运作，拓展管理管拓展管理。这里有国有企业现有机制方面的原因，也涉及决策管理层的眼光和魄力。

（二）酒店集团的品牌要打响，应当使之既适应市场细分的多样性，又坚持文化和管理上的统一性

万豪集团在其品牌发展战略上实行的是多样性和统一性的结合。一方面，面对复杂多样的需求和客源市场，万豪将其细分后推出相应的品牌。通过多年来的自创和购并，万豪住宿业体系中的品牌现已多达 16 个，这些品牌有的是适应低、中、高不同档次的，有的是满足商务、会议、度假不同目的的，有的是偏重临时、短期、长期不同住宿时间的，也有的是为单一需求（如分时度假）或兼顾几个方面的综合需求而设的。它们几乎覆盖了需求的各个角落，每一个又都有自己的特点及忠诚客户，因而有力支撑了万豪集团的全球市场占有率。另一方面，在众多特色品牌中又强调一致和统一：一是集团形象的统一。众多品牌（除了后期购入的万丽和丽嘉）在名称、标志和宣传品上都标明是"万豪"的成员。20 世纪 80 年代初面对中档市场的"万豪庭院酒店"（即现在的万怡）问世时曾遇到来自内部的阻力，许多人反对在"庭院酒店"（Courtyard）的名称上加"万豪"（by Marriott），认为这会搅乱万豪在 25 年中精心树立的全服务型酒店的形象。公司决策层分析认为市场只能支持一定量的全服务型万豪酒店，拓展其他细分市场才能打开广阔的新增长领域，万豪的命名对于宣传提升庭院酒店的产品形象是至关重要的，可以通过对庭院酒店施加影响和加强纪律训练来达到风险最小化和潜力最大化。庭院酒店加注万豪的做法后来证明是成功的，因此以后推出的各个细分品牌（除了后期购入的原属万丽和丽嘉集团的各个品牌外）也都加注了万豪，坚持了集团形象的统一。二是营销管理的统一。万豪各个特色品牌的营销和预订都是统一管理的，如我们在美国发现，所有的万丽酒店，无论是在纽约、洛杉矶还是夏威夷，其便笺纸上印的只有一个万丽预订中心的电话，见不到本酒店的号码。要找所住酒店的号码还需打到总机去问。其他细分品牌也是如此。而各个品牌的预订又最后统一归到 MARSHA 口里。宣传和促销也是统一进行，不由酒店各自为政。三是设计管理的统一。尽管每个品牌都有特定内涵，而每个品牌下的每个酒店又须融入所在地文化，兼有当地的文化特色，因而设计风格必然是因酒店和品牌而异的，然而万豪集团对设计的管理却是统一的。我们在万豪总部看到，万豪、万怡、居住旅店、仙境旅店、斯普林黑尔套房酒店、汤普雷斯套房酒店等品牌都有自己的样板房，在房间主题色调、空间尺寸、用材用料、家具配置、灯光设置、布草选择、易耗品的配置等方面都有一些规定。全球各地由万豪管理或加盟万豪品牌的酒店，其设计和装修方案都须送到华盛顿总部审核，根据总部的要求进行修改。或是直接由总部派出设计人员，根据各个品牌的要求，结合当地的市场需求和文化特色，拿出设计草案，在征得业主方同意后，做出最后的设计方案。此外总部还设有木料、布料、窗帘、地毯等装饰材料样品陈列间，存有几千种样品向各酒店进行推荐，各酒店需在此范围内进行选择。甚至新酒店使用的主要厨具餐具也必须通过总部厨房测试室的测试才被允许使用。四是企业文化的统一。万豪的各品牌，从经济型的仙境到豪华型的丽嘉，从分时度假的假期俱乐部到全服务型的 JW 万豪，都渗透了万豪的理念，如一线的管理、层级沟通、质量控制、舒适顾客、善待员工就是善待顾客、大家庭的团队精神等。我们在夏威夷时曾临时向所住的万丽酒店提出参观高尔夫球场，由于需提前预订，又恰逢周末，当地球场已是 OVERBOOKING（超额预订），我们已不抱很大希望。然而感动的是一位在万丽酒店的万豪假期俱乐部工作人员为我们打遍电话，最终在王子球场（Prince Court）安插了一处参观。她的行动使我们亲身感受了万豪企业文化中舒适顾客和不同品牌之间大家庭协作的团队精神。联想到我们本土酒店集团，在品牌问题上有较大的距离。虽然一般都已意识到品牌的重要，但在实际操作中有的尚未形成自己的统一品牌，旗下酒店有各自营销自打招牌的现象；有的有品牌却未作相应的市场细分，旗下几个酒店都套用同一个标识和名称。这种情况对于新入业者或处于起步阶段者也许是不可避免的，因为还来不及打出品牌或来不及走到细分这一步（如上海步入酒店业不久的美林阁集团，旗下的两个酒店使用的还是原来餐饮业时的商标），但对一些规模相对较大、历史相对较久的集团来说就显得落后了，有必要加快步伐。万豪的做法应该可以借鉴。

（三）酒店集团的凝聚力要增强，不仅要强调以人为本，更要注意关爱员工

酒店行业中，"以人为本"应有两层含义：一层是以顾客为本。即为顾客着想，以方便顾客、满足顾客舒适度为原则。这是保证酒店服务质量的关键。另一层是以员工为本。即把员工作为最重要的资源来善待，为其着想，解决其后顾之忧，从而使员工跟酒店一条心，把酒店工作当作自己的家事。这是保证酒店服务质量的另一个关键，同时更是增加酒店凝聚力的手段。万豪的精明之处正在于抓住了关爱善待员工与提高酒店服务质量、增加酒店凝聚力之间的这种因果联系，把它概括为"付给员工的东西，员工会回报给你""关爱了你的员工，员工就会去关爱你的顾客"两句话，作为企业文化的基础，在管理层中提倡，从而大大增强了凝聚力，使员工不仅在对客服务方面奉献自己，而且在企业困难的时候勇于奉献自己。据说为了度过20世纪90年代初的危机，万豪集团曾经采取过非常的措施。全公司的人员除了小时制员工以外都不同程度地被冻结工资：高级管理人员（1100多人）冻结一年，有的还牺牲了当年的奖金。中层经理人员（大约5000人）冻结六个月。其他经理人员和行政办公人员冻结三个月。员工对这项举措充分谅解，认为公司不到万不得已是不会做出的。这种同甘共苦、共渡难关精神正是万豪关爱员工的企业文化和团队精神作用的体现。联想到我们本土酒店中，现在也有越来越多认识到关爱员工的重要性，他们把员工作为酒店资源倍加呵护，给员工尽可能优厚的薪资待遇、提供发展型的业务技术培训、建造舒适的餐厅和休息娱乐设施等，因而有较大的凝聚力，上海西郊的虹桥迎宾馆即是如此。然而也有相当一些酒店还是停留在把员工单纯地作为劳动力使用，对他们的提高、发展关心不够，员工设施陈旧简陋，能将就则将就，企业凝聚力不强，一有风吹草动就人心思散、问题不断。其原因固然不排除经营效益不佳、财务状况拮据的因素，但缺乏关爱员工的理念则是一个主要因素。此外，有些酒店或集团面临结构调整和转制，在此过程中如何像万豪一样处理好员工问题，做到平稳过渡是值得深思的。

国际品牌酒店不等于外资酒店

2003 年 5 月

　　在社会上甚至业内常常易犯的一个错误，是把"国际品牌酒店"（即由国际酒店管理公司管理的酒店）当作"外资酒店"（即由境外资本投资的酒店）。事实上，这是两个不同的概念。所谓"国际品牌酒店"是从管理模式方面下的定义，指的是那些加盟国际酒店管理集团、运用它们的营运机制、使用它们的品牌和预订网络的酒店。"国际品牌酒店"的资本安排可以是多种多样的：国有的和民营的，境内的（中国大陆以内）和境外的（中国大陆以外），合作的和股份制的……也可以是几种不同成分和地缘资本混合的。因此并不只有境外资本一种安排。所谓"外资酒店"则是从资本地源方面下的定义，指的是投资资本来自于境外（即中国大陆以外）的那些酒店。至于这些资本属于什么成分则不是主要的。"外资酒店"的管理模式可以有多种安排：有投资者自行管理的、有聘请职业经理人管理的，也有聘请专业酒店管理公司管理的。可见，两个概念下定义的角度不一样，内含不同，外延也不完全重合，因而不可互相替用。

　　现实中人们却常常会混淆两者。就拿最近流行的"上海国有酒店人均利润为外资酒店的九分之一"，"267 家内资饭店的利润率远低于 33 家外资饭店"的说法来分析。这里提到的 33 家饭店，实际上并不是"外资酒店",而是上海旅游饭店协会下属国际品牌酒店专业工委的 33 个成员酒店,即由国际酒店管理公司管理的国际品牌酒店。由于依托国际先进的管理机制及品牌和预订网络,它们已开业 27 家酒店中多数酒店的平均出租率和平均房价确实要高于一般酒店。2002 年上海营收排前十位的酒店,前八位是这些国际品牌酒店。然而就投资来源和成分看,它们中有 10 家是全内资国有酒店(金茂君悦、瑞吉红塔、富豪环球、中油日航、浦东假日、兴国宾馆、富豪东亚、齐鲁万怡、东锦江、浦东华美达),10 家是国有控股(含小部分外资)的酒店(海神诺福特、城市酒店、锦沧文华、四季酒店、扬子江万丽、银星皇冠、贵都、海仑宾馆、新亚汤臣、广场长城),1 家是内资民营控股酒店(万豪虹桥大酒店),6 家是外资控股酒店(波特曼丽嘉、花园饭店、静安希尔顿、浦东香格里拉、太平洋喜来登豪达、巴黎春天)。可见,它们 1/3 以上不是外资,而是纯内资国有酒店,另有 1/3 以上是内资为主的国有控股酒店,真正外资控股酒店实际上只有 6 家。再看所谓的"267 家内资饭店",从资本地缘看它们的投资资本并不都来自境内(即中国大陆内部),而是至少有 15 家来自境外(中国大陆以外),因此应当属于外资饭店,只不过没有聘请国际管理公司管理,而是自行管理而已。可见,上述流行说法与事实情况是不相符合的。问题的根源就在于没有弄清酒店的资本地缘结构与酒店的管理模式是两个不同的命题,把国际酒店管理公司受聘管理误认为是境外资本金的投入,从而混淆了"国际品牌酒店"与"外资酒店"这两个貌似相同而实际不同的概念。实际上,就提高现代酒店经营效益而言,专业化管理模式的安排比酒店资本地缘结构的安排更为重要。因此强调这两个概念之间的区分,绝不是多余的。

投资多元化与管理专业化
——饭店重组应当考虑的两个要素

2003 年 5 月

饭店重组是近年来业内议论较多的话题。对如何操作则是仁者见仁，智者见智。从经营效益取向看，饭店的重组应当考虑两个要素：一是在资本来源结构的安排方面实施投资主体多元化（简称投资多元化），二是在管理结构的安排方面实现专业化（简称管理专业化）。两者之间有关联，但又相对独立。饭店的开发者和业主可以根据实际情况有所侧重，或者兼而取之。

一、投资多元化

在资本来源结构的安排方面实施投资主体多元化（简称投资多元化），是指饭店在初始建造、周期改造或经营运作过程中吸收不同来源的资金作为权益投资，形成多重来源的资本权益组合。不同来源既可以是不同经济性质（如私人的、国有的、合作的、股份制的）和不同地缘的（如本地的、外地的、境内的、境外的），也可以属同一经济性质和同一地缘的。实现多元化，一是有利于解决饭店建设或改造资金不足，或者负债过重影响经营的问题，二是有利于按照现代企业制度治理结构实现所有权与经营权分离，并在此基础上由职业管理层管理酒店。

投资主体多元化在上海饭店业中由来已久。早在 20 世纪 80 年代，就有开发者引进境外资本或境内其他单位投资，并聘请国际管理公司管理的酒店，如静安希尔顿、花园饭店、贵都大饭店等。以后的十多年里，上海饭店资本结构安排的多元化一直在多种形式和条件下发展：

有在初始投资中就实现多元化安排的（如由外经贸系统 14 家国有企业出资、聘请国际著名凯悦集团管理的金茂君悦大酒店等）；

有在经营运作中根据发展需要实现多元化安排的（如华亭宾馆在开业 14 年后由母公司锦江集团进行资本运作，出售 49% 的股权分别给同为国有企业的文新报业集团、精文投资有限公司和文广投资有限公司，解决了沉重负债，获得了更新改造资金，因而重具活力）；

也有本来已是资本权益多元组合，又进行再调整的（如原由境内外五家机构投资的锦沧文华大酒店去年年底进行调整，锦江集团收购上海国际投资公司拥有的股权，加上其原有股份成为该酒店最大的股东）。

饭店业主能够不断根据自身利益和经营需要自主通过资产运作实现资本来源多元化，标志着上海酒店业资本市场的健康发展和渐趋成熟。目前，不仅整个行业已形成国有饭店、民营饭店、股份制饭店、境外资本（包括国有境外资本和境外私人资本）投资饭店和境内外资本合资饭店等多元成分并存的合理局面，而且相当数量的饭店企业包括许多国有饭店都实现了投资主体的多元组合。

今后，应当继续支持鼓励有条件的饭店（尤其是新建饭店）或饭店集团在必要的时候通过市场运作走这条道路。

二、管理专业化

所谓在管理结构的安排方面实现专业化（简称管理专业化），是指饭店在所有权与经营权分离的基础上接轨国际先进的管理理念与机制，由职业管理层进行管理。广义上讲，职业管理层包括专业从事管理的机构（主要是饭店管理公司）和人（职业经理人），两者又都有国内和国外之分。认为有必要在这方面重组的企业宜根据实际进行考虑。从实际效果看有两条是值得提倡的：

一是引进国际酒店管理公司的管理。在经济全球化大潮给饭店业带来前所未有的融合与竞争的市场条件下，资本的性质归属已不是重要因素，国有饭店、内资饭店同样可以获得最好的效益（如2002年营收达4.88亿元人民币、位列上海饭店之冠的金茂君悦酒店就是一家百分之百的国有饭店）。关键是要在多元化基础上融入国际先进的管理机制与理念，使用好的品牌和预订系统。为做到这些，聘请国际酒店管理集团管理是被众多国际品牌酒店实践证明是行之有效的途径。目前，由于独特的经济地位与商务环境，越来越多的国际酒店集团及其品牌入住上海，饭店的合同管理逐渐由卖方市场转向买方市场，这为有条件的业主选择国际品牌提供了余地。在欢迎国际品牌管理的同时，业主应慎重地选择对象。目前已发现个别国际二流品牌，利用饭店业主缺乏信息夸大地宣传自己，在国内拿到了高星级酒店的管理合同，但却缺少管理系统的支持，使酒店发展走了弯路。

二是形成或加盟国内酒店管理公司和产于本土的国际品牌。国际酒店集团数量有限，且在一定区域内不可能容纳过多的同一品牌。因此，更要鼓励形成、发展一些能与国际接轨的本土管理公司及产于本土的国际品牌。这是解决业内多数中、低档饭店，尤其是中小型"行业饭店""系统饭店"专业化管理问题的主要途径。借鉴国际成功经验，本土酒店管理公司的形成发展应采用资产运作和拓展合同管理两手操作、以拓展合同管理为主；其品牌设置宜适应市场细分的需求并各具特色，同时兼顾公司统一形象；其营销和预定要逐步形成相对独立的系统并向国外发展；其管理机制和支持系统要与国际接轨。业主选择本土酒店管理公司的时候同样要慎重，避免上一些不具备成建制派出能力的"皮包公司"的当。

应当强调的是，投资多元化与管理专业化的选择与安排都应当从有利于发展出发、以实际为依据、市场为导向来确定。其实施也宜通过市场条件下的运作手段来完成。任何脱离市场和实际的认识思维和操作手段都是背时的。

坚持"三性"原则　做好贯标工作

——星评标准基本精神解读

2003 年 7 月

国家标准《旅游饭店星级的划分与评定》2003 版（简称新标准）7 月 1 日起开始实施。此次新标准对原有标准（即 1997 年版的标准）进行了多达 600 多处的修改，其主要精神和指导思想是强调"三性"，即酒店设计与经营管理的专业性（或者叫规范性）、酒店氛围的整体性和酒店产品的舒适性（简称专业性、整体性与舒适性）。下面结合上海的实际谈谈对这三个特性的理解。

一、酒店设计与经营管理的专业性

新标准的修改强调了酒店设计与经营管理的专业性，就是说：新标准中许多必备条件与选项的设置、改动和分值的设定都是为了规范酒店在设计、建造、装修和经营管理过程中朝专业化方向发展。根据上海的情况，强调"专业性"可具体化为引导酒店在三个方面实现专业化：

（一）酒店类型的专业化

1997 年以前的各版星评标准（以下简称"老标准"）都强调了不同档次（不同星级）酒店必须达到的相应要求，但对酒店的类型未作区分。这在当时条件下是必要的，对我国旅游饭店摆脱计划经济下接待型住宿设施痕迹，达到甚至超过国际同级酒店水平起了决定性作用。但时至今日情况已有变化。在国内外竞争日趋激烈的条件下，酒店除了要能提供一般共性服务外，还需进行市场细分与专业定位，提供特色服务，才能满足需求和在竞争中生存发展。为此，新标准除要求不同星级的酒店必须达到相应的标准以外，还引导酒店走专业化道路：它在设置选项时，把 73 个项目根据自身特性分别放到四大块中，其中除第一块属综合型，其内容包括管理资质、绿色化等方面的选项外，其余三块分别与会议商务、旅游观光、度假三种类型的酒店相联系，规定酒店的选项如在某一块中占了 70% 以上，除可得到应得的分值以外，还可追加分值。这一安排的目的就是鼓励酒店依据自身特点定位，向专业化类型发展。上海 × × 饭店地处商务区，目前以接待商务散客和会议为主。多年前囿于当时的标准配置了桑拿和一些歌舞娱乐设施，但在实际经营中竞争不过周围的社会浴场、歌舞厅和 KTV，处于闲置状态。而客人需求的商务会议设施却不够用，为此丢失了许多商机，付出了极大的机会成本。目前酒店已接近改造期，新标准的要求为其定位和改造提供了方向。

（二）设计装修与设施设备设置摆放的专业化

老标准将国际上酒店通有的设备设施与服务项目作为我国同级酒店的必备条件，强调必须要"有"，以保证与国际接轨。但当时并未顾及对其应有效果做出标准层面的规定。此次新标准不仅规定酒店要"有"这些设施与项目，还要在此基础上保证质量、展示特色、发挥好的效果，即要体现专业化。例如，背景音乐，老标准规定四、五星级酒店要"有背景音乐系统"，但未做更具体的要求。新标准则规定不仅要有背景音乐，还要做到"曲目、音量适宜，音质良好"。又如，前厅中的自然花木，老标准规定"摆放"了即可得 1 分，而新标准规定不仅要摆放，而且要"修饰美观，摆放得体"才可得 1 分。可见，新标准更强调酒店各个项目与设施要产生和发挥效果。

必须说明的是，各个项目与设施的效果的产生和发挥固然与用材的质量和档次有关，但更与其设计装修和使用管理中的专业性分不开。以高星级酒店大堂的灯光效果为例。标准对它的要求是"色彩协调、光线充足"。为此，许多酒店选择采用水晶灯，认为水晶灯豪华、气派、一定能产生好的效果。但实际情况并不都是如此。好的灯具固然重要，但关键还要靠专业化的设计。××饭店对大堂进行升星改造，把预算的大部分花在水晶灯上，却没有考虑提高整体氛围，结果改造后的大堂给人的感觉是一个豪华灯具的简单堆砌，档次与格调并不高。而××××酒店的大堂则是依托专业化的设计：根据酒店总体要求，大堂基调是浅色的，因此在灯具配置上没有采用水晶灯，而是使用一般灯源，将其藏在天花板后面，光线由天花板上反射下来，结果显得既充足又柔和，还可根据季节天气来调节，效果非常好。这里靠的是专业的设计，而不是靠水晶灯，但整体的氛围反而更好。

（三）管理制度、管理人员和管理资质方面的专业化

管理制度、管理人员和管理资质方面的专业化是侧重于软件的要求，而正是在这方面我国许多酒店与国际酒店之间存在着相当差距。新标准为此在正文中增设了《管理制度要求》一大块内容，以期通过国家标准的力量来规范酒店的管理制度并使酒店的管理达到国际的专业化水准。新增的《管理制度要求》中不仅规定要"有员工手册"，"有饭店组织机构图和部门组织机构图"，还对"管理制度""部门化运作规范""服务和专业技术人员岗位工作说明书""服务项目、程序与标准说明书""工作技术标准说明书"等做出明确要求。例如，它规定"管理制度主要针对管理层"，规定了完整的管理制度应当包括的要素（即制度名称、制度目的、管理职责、项目运作规程、管理分工、管理程序与考核指标等）。这些都有助于酒店的规范化管理。此外，新标准还通过设置选项来鼓励管理人员及其资质的专业化。例如，规定总经理连续五年以上担任过同级饭店高级管理职位，总经理连续两年以上接受饭店管理专业教育或培训，总经理持有全国旅游岗位培训指导机构认可的《旅游行业管理人员岗位培训证书》，此三项均可作为选项并有相应分值。

二、酒店氛围的整体性

新标准强调酒店氛围的整体性，目的是要规范酒店营造一种客人置身其中时能有享受、舒适、满足感觉的环境。整体性氛围的核心是协调与和谐一致。就上海情况而言，酒店氛围的整体性应当把握三点：

（一）文化氛围要完美的协调一致

新标准在酒店设计、用材方面强调档次的同时，特别注重酒店的文化氛围要协调。这是因为，协调一致（或者说和谐一致）是美的基础，是娱悦人心、舒适客户的要素。酒店为了经营和发展，固然要有自己的特色或与众不同之处，但必须注意在创造"特色"和"与众不同"的过程中，更要保持文化氛围的和谐和统一。否则即使配置了好的设施或使用了高档材料，也不会产生好的效果。以×××大酒店为例。该酒店大堂地面的装修，一半用的是浅色大理石，另一半用的是深色木地板。两者虽然都是好材料，但在一个大堂中共存并各占半边天地，给人的感觉却是反差极大。更有甚者，这家酒店客房楼层走道两边的墙壁，一边用高档墙纸装修，另一边则是毛坯水泥，给人不伦不类的感觉。使人哭笑不得的是，酒店总经理还自夸这是他参观拉斯维加斯的酒店时学来的。岂不知拉斯维加斯是个世界赌城，当地赌场酒店为了吸引顾客，刻意设计一些不伦不类的场景来迎合他们追求刺激、猎奇的心态；而地处上海商务区、自定位是"高星级商务型"的酒店，需要的是都市商务的氛围，岂可把拉斯维加斯的嬉皮士风格搬来?！又如，有些酒店在公共区域放置宗教设施或物品，也与酒店的总体氛围不相融洽。如××××××酒店在八楼会议厅边设置开放式佛堂，供奉2米来高的佛像，客人从电梯厅出来，乍一看会吓一跳；××饭店三楼餐厅承包者在餐厅口公共区域放置神龛，内设一米高的财神塑像，使人有俗气的感觉。这些都与酒店的大文化氛围不协调，从而违背了整体性的要求。

　　良好与和谐一致的文化氛围，离不开专业性的设计和高雅的品位。在这方面，上海酒店中不乏创意独特、完美协调的案例可以借鉴。例如，威士汀大酒店内意大利餐厅的墙上有幅东方画，反映的是马可·波罗时期意大利与中国的联系，讲意大利面条是由马可·波罗从中国"偷"去的，意大利通心粉根源于中国面条。一般来说，西式氛围的餐厅中摆放东方画会感到不伦不类。但这幅画放在意大利餐厅，却体现了东西方文化合璧和中意联系源远流长的主题，不但没有不协调的感觉，反而使人感到有风趣，越看越有意思，越品越有味。这就是专业设计与整体性的效果。

　　（二）各功能部位设施设备和服务、管理的档次、水平要保持一致

　　酒店是个整体，其客房、餐厅、前厅、康健中心、会议设施等各功能部位的档次应当是一致的,三星级就应当都是三星级,五星级就应当都是五星级。不能说大堂前厅是五星级的水平,而客房只有四星级或者三星级的档次。有几种情况可能导致酒店各功能区域、部位档次氛围的不一致:一是酒店的某个部位被承包出去(或者是由不同单位管理),可能造成档次氛围的不一致。如×××××酒店的中餐厅直属集团总部的餐饮公司管理,与酒店是"平级"的,因此尽管餐厅的位置处在酒店正中,与大堂直接相连,服务与管理的档次却停留在社会餐馆的水平。最有趣的是,一到正餐时段餐厅中会出来七八个服务员,在大堂中排队站立两边,凡有客人走近便山呼"欢迎光临",酒店对此无可奈何。二是酒店升星改造,容易造成档次氛围的不一致。如三星级酒店××饭店进行升星改造时没有着眼于整体提高,而是把几千万元预算中的大部分投在外墙和大堂上。结果外墙和大堂翻新了,确实像四星级的样子,但酒店其他部位却动得不多,或者根本没动,遗留着大量三星级的痕迹,整体的氛围、档次还是没上去。上述两家饭店都违背了整体性原则,因此都没有通过四星级的评审。

(三)一线面客区域与二线后台区域的档次与管理水平要保持一致

这也是整体性的要求。酒店一般很重视一线接客区域,因为这是酒店的"面",是客人看得到的,一旦出现问题会直接引发投诉,影响酒店声誉,因此无论是硬件设施的配置还是软件的服务、管理、清洁卫生和维修保养都投入了主要的注意力。但是对客人看不到的二线后台区域,即酒店的"里",则会有事实上不同的态度:有些把一线与二线作为一个整体,予以同样的重视,使之保持在同一水平;而有些则没有予以足够重视,二线后台显得陈旧、凌乱,硬件设施与管理都达不到一线区域的相应水平,这就与整体性的原则相悖了。

这里尤其要提到员工设施。它处于二线区域，但却是应当关注的重点。国际知名品牌酒店大都重视员工，信奉"关心员工、员工就会关心客户"的理念，因此除了注重员工培训以外，给予员工设施也以等同于一线的关注。如曾获亚洲"最佳雇主奖"的波特曼丽嘉酒店，前年按照接待顾客的装修标准改造职工餐厅，并在工程结束后举行隆重的启用仪式。完工后的职工餐厅与对外营业的咖啡厅几无区别，充分体现了一线面客区域与二线区域档次与管理水平保持一致的整体性原则。但在一些酒店中也不乏员工设施被忽略的案例。如上面提到要升星的××饭店，自开业时就一直没有自己的员工浴室，员工淋浴及更衣需步行十几分钟到离酒店600多米的租用场所，途中没有遮阳遮雨的通道，盛夏时节从酒店主楼走到"浴室"，就像是蒸一场桑拿浴。然而如此简陋的条件，却没有被酒店列入自己的升星改造工程。当然，也不可能获得星评机构检查通过。

三、酒店产品的舒适性

所谓舒适性，是指酒店所提供的服务产品应当使客人感到舒适满意。这是新标准的基本精神。在新标准的《设施设备评分表》中，酒店三个核心产品（客房、前厅、餐饮）区域每一个的后面都增加了"整体舒适度"的评估（分值分别是客房10分、前厅8分、餐厅8分），足见其对舒适性的重视。

如何满足舒适性的要求？不少人认为主要靠设施与物品的质量，只要材质好，达到高档豪华程度，客人就会满意。其实不然，除了设施与物品的质量，还要靠人的管理和人的用心。试以两个五星级酒店配备枕头为例：同样用四个优质柔软的枕头，××××酒店的KING SIZE床上配备了一样厚的，有个敏感客人就感到一晚上不舒服，因为用一个太低，用两个太高；而瑞吉红塔酒店配了两个厚的两个薄的，客人可以根据自己需要组合调节，睡得就比较好。再以许多酒店的床头射灯为例，它比一般床头灯要好得多。但许多酒店装了，却没有用心调节，光比较散，客人躺在床上看书时有余光刺眼的感觉。紫金山大酒店的射灯照下来，光不散，正好是手拿报纸的范围，感觉就好得多。

客房是酒店最核心的产品。客房中有许多影响舒适度的因素：一是床垫及床上用品的质地与柔软程度。二是噪声的去除程度。窗外的汽车声、楼层过道中的讲话及相邻房间声音，及室内空调与排气扇的声音都可能成为客房中的噪声源，处理不好就直接影响舒适度。三是遮光效果。欧美客人来后第一件事是倒时差，遮光效果好才能睡得好。有的酒店用的窗帘本身遮光虽好，但左右两块不能完全闭合，或者两边与窗框覆盖过窄，透进光线影响了客人睡眠。四是电气设备的配置与维修状况。如电视机虽有，但接触不良或画面不清晰。五是温度湿度的调节。这些问题，有的是在设计装修施工阶段就要着手考虑解决，有些则是靠开业后的日常管理和维修保养工作。

餐饮作为酒店核心产品之一，也要注意舒适度。影响餐饮舒适度的因素有：餐厅的温湿度是否适宜？通风状况如何？（空调送新风好不好？厨房油烟是否飘到餐厅里？）桌椅的高度是否合适？背景音乐的音量是轻还是响？（有个餐厅领班，当客人提出背景音乐太响时，他回答说现在人少所以感到音量响，一会儿客人都坐满以后就不会感到音量大了。他没有想到应该做得地道一点，去调节音量，人少的时候调轻点，人多的时候调高点。）餐具与菜是否相配？新标准要求餐具应按照中外习惯成套配置，这里除了要求西餐配西餐具，中餐配中餐具以外，还特别要注意根据席间菜的变化及时进行调整，否则会影响客人的进食。××××酒店在一次有副市长参加的高档中式宴会中上了一道牛排，服务员忘了提供刀叉，客人感到用筷子食用不方便，因此都没有动这道菜。餐具与菜相配，还应引申到酒具与酒相配、饮具与饮料相配。可见，提高舒适度不仅靠设施设备的改进和档次的提高，还要靠管理的改进和人的用心。

在市场驱动下合理调控　促进酒店业健康发展

——上海酒店业健康发展的四个原则

2004 年 6 月

在 21 世纪的浦东利用世博会、长三角一体化、浦江两岸综合开发和上海建设国际化一级城市等一系列机遇做大做强会展旅游，使之成为支柱产业的进程中，酒店业的发展是不可或缺的基础与条件。在预测"十一五"期间需求强劲、现有客房存量相对紧缺、本地与外来开发商趋之若鹜欲转入酒店投资的情况下，如何正确规划合理安排浦东乃至上海酒店业的建设，使之快速而又健康有序地发展？这是综合规划部门、行业管理部门和业内外专家们正在思考的问题。我认为，基于上海和浦东的实际情况，"十一五"期间应当根据以下一些要求与原则，在包括宏观、中观、微观的各个层面对酒店的建设与发展实施规划、调控与指导，以确保其在市场驱动的环境中健康、合理、有序地发展。这些原则和要求主要是：酒店的总体供应要适量发展，区域布建要适度集聚，项目引进要适配环境，设计建造要适用专业标准（可以简称为适量发展、适度集聚、适配环境和适用标准）。下面予以具体说明。

一、酒店的总体供应要适量发展

这是指：酒店数量要根据需要发展，其增加不可无所节制，要适当控制。适量发展具体包括三层意思：（1）酒店量的增加应该以需求量的增加为依据并与其达到总体平衡。（2）作为酒店增加参考系数的需求增量是指常态发展下的增量，而非指特定高峰时段（如2010世博会）的额外增量（特定高峰时段的额外需求增量不能单靠造新酒店的方式来满足，而应以其他多种渠道和途经解决）。（3）为实现总体平衡，酒店量的增加轨迹不应是均衡直线，而应当是类似抛物的曲线，要根据这个思维来规划安排新增酒店的建设项目。

目前，对浦东乃至上海高星级酒店客房相对紧缺，供需之间存在缺口，需要超前规划（或引进）酒店建设这一点，已没有什么异议。但对新增酒店项目应当以怎样的批次和时间节点来安排，说法尚不统一。我认为，把2010年的常态需求量与现有酒店存量之间的缺口除以时间后得出平均每年要新增若干酒店的计算法，便于直观了解目前酒店的紧缺程度和其超前发展的紧迫性，但不能作为安排新增酒店建设的实际操作方案。实际操作的规划方案应当是：从现在到"十一五"末即2010年的时间段里，前三年投入的批量要大、增速要快，后三年量要减少、速度趋向减缓，以致停滞，即大致循照一个抛物线的轨迹。这是因为：第一，从建设周期看，酒店项目时间较长，一般是四年。如将这个时间段内要增加的酒店项目总量按年均投入，势必造成最后三年内启动的项目在需要的时间段（2010年）内不能形成客房供应能力，而当它们能投入使用时，又恰好是高峰后的平谷（甚至低谷）时段，其供应能力会变得相对过剩。因此为保证需求时间段总体平衡，项目的投入应循照抛物轨迹。第二，从使用周期看，酒店不同于可快速替代的易耗产品，一旦投入市场后可长期存在。退出壁垒大于进入壁垒。因此不可能无限增加，其量的积累会因逐渐饱和而减缓以至停滞。这也决定了它的抛物线轨迹。因此在规划酒店建设发展的时候应当保持这个思维。

二、酒店的布建要适度集聚

这是对新增酒店（主要是高星级酒店）的区域分布实施调控的一个要求。俗话说树多成林，店多成市。酒店也是如此，在国际大都市的环境下，相对集中的酒店群可以烘托人气、集聚商机，其产生的合力效应足以抵消和超过近距离竞争可能产生的负面作用。浦东要发展会展，规划上要更多考虑集聚产生的合力效应。目前浦东已初步形成两个高星级酒店集群，即小陆家嘴沿江区域酒店群（包括香格里拉、金茂君悦、国际会议中心东方滨江等）和东方路地带酒店群（包括洲际新亚汤臣、紫金山、宝安、齐鲁万怡、瑞吉红塔、浦东假日、中油等）。这两个集群对提升浦东商务旅游和会展目的地形象，推动其发展起了极大作用。今后在继续完善这两个集群（如在集群所在区域内适当布建一些三星级以下酒店）的同时，对新建高星级酒店，尤其是五星级酒店的选址应当控制，不宜全面铺开、遍地开花，而是要引导其向集群靠拢，或者形成新的第三、四个集群（如在新国际博览中心和世博会会址等区域）。这无论对于营造区域整体商务会展氛围还是对于酒店自身未来的经营效益都是有益的。当然，"适度集聚"的对象主要是高星级酒店。对三星级以下酒店，除了在"集群"区域要适当配置一些，使集群结构更加合理化以外，还要考虑"便民"以及其自身中低档客源对象的需要而合理分布，不能都往集群里赶。

三、酒店项目的引进要适配环境

这是中观层面对拟建或引进酒店项目时要考虑的要求。即各地方（如区、县、街道、乡镇等）在自建或招商引进酒店项目时要根据本地的条件环境正确定位，不宜盲目追求"高、大、全"（指高星级、大体量、功能无所不包）。一般来说，各种档次与类型的酒店都有与其相应的适配与最佳适配环境条件（如五星级商务酒店之于商务区和商业中心区，汽车旅馆之于长途公路匝道口区域或途中暂歇地等）。酒店与环境之间存在互动关系：在其他条件既定情况下，酒店类型档级与当地区域环境适配与否及适配程度如何直接影响酒店的营运、经济效益与回报：处在最佳适配环境中的酒店（如小陆家嘴中央商务区的五星级商务酒店金茂君悦和香格里拉），其运作与效益可以达到最佳状态；非完全适配环境中的酒店（如建在工厂区或一般居民区的高星级酒店），其营运和效益潜能会部分地受到抑制，得不到充分发挥；而处在极不适配环境下的酒店则会有营运障碍、亏损，难以维持正常经营。反过来，酒店的营运、经营效益与投资者的回报状况又会影响所在地的形象、氛围和投资环境。因此，在为当地的酒店建设项目定位时要有适配环境的思维。要对本地现实的和可预见未来的地域环境市场条件做实事求是的客观分析；为酒店将来的营运和效益考虑，同时也是为本地区的投资形象考虑来确定引进何种类型与档次酒店。不可主观臆想、互相攀比或随意拔高。

适配环境和条件不是静止不变的。有些区域目前虽不具备高星级酒店的适配环境，但已列入宏观层面的总体改造规划，未来要向商务区或商业中心区（简称"双商"）发展，因此要适当超前安排一些高星级项目。但问题是有些适配条件差，规划中没有"双商"安排的街区乡镇，出于好大喜功和互相攀比心态，一定要建造五星级酒店；而开发商中不乏一些自恃有实力和有房地产开发经验者，缺乏对环境市场冷静分析，盲目攀高，也提出"非五星级不建"。对此，有关部门不可被动无为，要从总体均衡和环境适配的原理出发予以劝说引导，不要怕影响积极性，有时该泼冷水的就要泼冷水。这既是从总体和长远考虑，也是为当地发展和开发商考虑。此处以郊区某乡镇引进的项目为例：该镇地处沪青平公路两侧，以往成批开发过住宅别墅，自以为具备了条件，决定要建500多间客房的大体量五星级商务酒店。殊不知酒店市场不同于房地产，如此体量意味着，即使按照50%出租率计算（上海五星级的平均客房率在70%以上），至少要日均250个高额房费支付者入住才能支撑经营，而此地并不具备招徕大流量高层客源的条件。建成后的趋势必然是降价销售，进入中档市场找客源。因而就大体量而言，该镇环境与其说适配五星级商务酒店，毋宁说中档酒店或汽车旅馆会有更好的市场。考虑到当地已对外宣布了五星级的规划，因此我们给开发商的建议是，可将500多间客房分割成两部分，小部分按高星级标准设计装修并配置相应设施，大部分改为中档标准，形成事实上两个酒店，这样既可解决当地的"形象"要求，又有利于酒店未来的经营与投资者的回报。

四、酒店的设计建造要适用专业标准

这是从微观角度对每个新建酒店的要求。所谓适用专业标准，是指在项目实施过程中要按照酒店业的要求和标准来设计建造，使新酒店的建筑结构与设施配置、功能布局从一开始就合理化，达到先天的"优生优质"，而不必后天再来整改。

酒店不同于其他房地产项目，有其自身规律。不仅销售与运转方式大相径庭，其最终用途和使用对象决定了建筑结构与设施配置、功能布局有独特要求，如客房区域与公共区域不可交叉，客、货电梯分开并以客房的一定比例配置客梯，厨房与餐厅保持在同一楼层，大量人流聚散场所（如大宴会厅、大会议厅）应设置在群房或低层楼等。这些区别于一般房地产项目的专业性要求，来自于国内外酒店业多年发展的经验教训，集中体现在国家的星级评定标准之中。不符合专业要求的酒店，日常管理和相关设施的正常使用将会发生麻烦或受到干扰。只有适用专业标准设计，做到设施配置与功能布局合理，投入使用后方可正常运转和发挥出最佳效应。这如同生育筛查，新生儿出生健康，没有先天残缺，日后的成长就比较顺利。

现在的问题是，许多初涉酒店业的开发商和业主没有意识到这一点。他们有的片面认为高星级酒店是由豪华材料堆砌的，只要舍得投钱就能造出来，不知道除了材质要求还要有高雅氛围和功能布局合理，为此必须按照标准行事；有的自恃长期从事房地产开发，凭经验自行其是，按一般住宅别墅和办公楼的要求来构思，不知道酒店有其自身规律和要求；有的聘用的设计单位也是初涉酒店，对专业的要求不甚了解，结果在设计中闹出笑话。种种这些导致许多新开酒店布局不合理，不能正常发挥效用，因而不得不整改、返工，造成损失和浪费。有的甚至无法再改，也无法采取补救措施。如闸北区有一家自称高星级的酒店，把容纳 200 人的大会议场所与最豪华的套房放在同一个顶层楼面，两者使用同一部电梯，两个区域之间没有任何分割措施，试想这样的设施怎么可能正常使用。这都是设计建造不按专业要求，因而犯了酒店业的大忌。为此，在对酒店业宏观规划调控的同时，相关部门也要在微观层面给酒店项目的开发与承建者们以正确引导：一是加大宣传力度，使酒店建设各方都了解国家星评标准，知道酒店有其功能设施合理布局的要求与规律。二是具体指导。星评机构和行业管理部门要提前介入，在酒店项目的设计和施工阶段就参与咨询和提供专业帮助，使其免走弯路。

总之，会展旅游的做大有赖于酒店业的发展。而酒店业的健康发展既要有市场的牵引与驱动，还要有正确的规划、调控与指导。为此，必须从实际出发，实事求是，实施正确的方针与原则，使酒店业无论作为整个行业还是其组成部分的各个单体都能均衡、合理、健康、优质地发展。

酒店劳务的社会化使用

2005 年 3 月

一、问题的提出

中国旅游饭店协会在最近的《2005 年中国饭店业人力资源研究报告》中，揭示出我国许多饭店在人力资源成本开支问题上面临着两个反向的压力：一方面，薪酬机制的不尽合理使酒店的吸引力在弱化。为此要改进薪酬机制，提高高素质人才的实际报酬，以增强酒店在人才市场上的竞争力。而如此将增加人力资本的开支。另一方面，竞争与平均利润下滑迫使酒店设法降低人工成本以求保持微薄的赢利。

如何使合理体现高素质劳动力市场价值与减少酒店人力成本两者有效兼容？酒店劳务的社会化使用不失为解决问题的途径之一。

二、酒店劳务社会化的实质及其在国外的使用

所谓酒店劳务社会化使用，其实质就是酒店劳务的社会采购，即酒店对自己在日常营运中的劳务需求（如公共区域和客房的清扫、宴会的服务等），采取购买社会上专业劳务公司所提供的服务产品的方法来满足，而不是靠自有员工的工作劳动来解决。酒店因此可以

缩减自有固定员工的职数，节省在简单劳动上的成本开支，用以弥补兑现高素质劳动力市场价值之所需。

酒店劳务的社会化使用在西方国家饭店业发达的城市中比较常见。以本人出访见闻为例：2001 年 6 月赴美东部促销，发现在 11 个城市住的 11 家酒店都或多或少使用社会化劳务；2003 年 9 月赴澳大利亚，在珀斯住的酒店有 300 多间客房，员工仅 140 人，客房员工比不足 1：0.5。效率如此之高，究其原因也是靠劳务的社会化使用。

三、劳务社会化使用在上海酒店中的尝试

最近这两年，上海一些高星级酒店开始采用社会化的劳务，尤其是一些国际品牌酒店（如四季、威士汀等）用得比较成功。

这些酒店的做法是：在酒店内部某些使用简单劳动的部门，按照最低限度的劳务需求测算社会化劳务的起用线（如威士汀是按出租率 60% 时清扫客房所需的劳务来测算）；起用线内的劳务需求折算成员工职数，配置正式员工；起用线以上超出部分向社会采购。与之相适应，社会上出现了几家酒店劳务的服务公司（如客房清洁公司、宴会服务公司等）。作为酒店劳务的承包商或者说酒店劳务产品的供应商，它们招聘、培训和管理劳务人员，负责劳务人员的工资和保险。在酒店需要的时候使用这些人员承包酒店的劳务（或者说向酒店提供劳务产品），并根据不同劳务的特点按照或长或短的时段与酒店结算费用（如公共区域的清扫是按月结，客房清扫是按天结）。每家公司都与多家酒店签订合同。根据签约酒店的需求预报来决定劳务人员在酒店之间的调配或确定招聘与训练新劳务人员的计划。

四、劳务社会化在酒店人力资源管理上的作用

从实施酒店的情况看，劳务的社会化使用使酒店的人力资源管理显得更有效率。主要表现在三个方面：

一是社会化劳务的使用直接减少了酒店的人力资源成本开支。以×××饭店为例，养一个客房服务员，基本工资 1500 元，加上 50% 的各类保险、年终双月奖和其他福利，每人每年要近 5 万元，如果分摊上广告费、面试费、体检费等招聘管理费就更多。使用社会化劳务后，不但省去了招聘管理费，支付给劳务公司的费用平均下来只相当于原来的 70%，节省的幅度为 20%~30%。××酒店员工的基本工资更高（1800 元），节省的幅度也更大，达到 1/3。

二是使用的社会化劳务人员比较稳定，从而避免了人员频繁流动对员工情绪的负面影响。劳务公司提供的劳务人员一般固定到人，情绪也比较稳定，不存在跳槽的问题。即使有人员变动，也是劳务公司的内部调配所致，与酒店无关。这也有利于酒店稳定自己的员工队伍。

三是高素质复杂人才的薪酬变得较有吸引力。成功使用社会化劳务的酒店节省了简单劳动的成本，因而有可能将较多的资金用于激励高素质骨干人才，从而提高酒店的吸引力和凝聚力。从实际情况看，上述酒店的中高层人员相对比较稳定，人才流动保持着顺差。

五、酒店劳务社会化实现的条件和要注意的问题

（1）酒店劳务社会化的前提是酒店业比较发达或者酒店一定程度的集聚，而这是与所在地经济发展到一定阶段相联系的；酒店劳务社会化也不可能靠单个酒店的活动来实现，而是有赖于社会上的

酒店群体与劳务产品供应商的协作互动。这样的前提和条件并不是所有地方都具备的。因而我们这里介绍酒店劳务社会化只是给具备条件的地区和酒店提供一条思路。酒店是否采取劳务社会化的方法来改进用工形式用工结构和人力资源管理，则应从实事求是出发，视具体情况而定。

（2）专业的酒店劳务供应商是实现酒店劳务社会化的关键。酒店劳务供应商应该具备三个条件：一是专业化（如上海客房清扫承包商××清洁公司的经营者都是从原华亭喜来登出来的）。只有熟悉酒店相关部门的业务和流程，才能有效承接和组织实施酒店业务。二是规模化。一家公司只有同时经营多家酒店的业务，才能从营运和管理中产生效益降低成本。三是角色化。劳务供应商在劳务社会化使用的关系中是酒店所需劳务产品的供应商，而不是酒店所需劳动力的中介商。这一点至关重要。劳务供应商只有坚持这个角色才能作为自身继续发展业务。否则转变为劳动力中介商，劳务社会化的关系就不复存在了。以此联想到有些业内机构（协会）和院校（尤其是职校）为酒店提供人力资源和劳务方面的服务，但都只限于培训和中介酒店需要的劳动力。建议是否也在组织酒店劳务产品的供应方面做一些尝试。

（3）对社会化劳务的使用要把握好"度"。劳务社会化可以在一定程度上降低人力成本，但并不是酒店中所有的劳动力都可以用社会化劳务来替代；此外，从质量保险系数看，社会化劳务似乎要略逊于酒店自有员工的操作。因此，在决定使用社会化劳务的时候，应从全面出发，既要考虑节约成本的因素，又要根据人力资源储备、质量监控要求等具体情况把握好使用的范围和程度。以威士汀饭店客房部安排使用社会化劳务为例：由于考虑到社会化劳务的熟练程度略逊于本店员工；同时考虑到在需要打扫的客房中，留住的房间状况复杂，客人可能随时在房间出现，一旦有差错难以弥补；而结账退出的房间清理比较简单，后面的新客不会马上入住，做完后发现有缺陷还可弥补。酒店做出客人留住的房间由员工打扫，当天结账退出的房间采用社会化劳务来做的安排。由于正确把握了"度"，既最大限度地使用了社会化劳务，又在客人心目中树立了客房清洁、高品质的形象。

（4）对社会化劳务的培训应恰当分责。如前所述，酒店劳务的社会化使用实质上是对酒店劳务产品的社会采购，劳务人员的培训是事先包含其中的。但事实上由于酒店之间存在差异（如市场定位不同、企业文化不同等），对劳务产品的要求也不尽相同，劳务供应商难以按不同酒店的不同具体要求分别对劳务人员进行不同的培训。因此酒店有必要进行补训。但是，酒店要与供应商双方就各自负责培训的内容作明确界定。否则，酒店承担的培训内容过多，起不到使用社会化劳务降低人力成本的作用；承担的培训内容过少，劳务产品又不能符合自己的要求。在实践中，上述酒店是这样与对方分责的：劳务产品的供应商负责有关酒店业务的基本培训；酒店方则根据自己需要的内容进行入店培训或岗前培训。双方各司其职，便可避免培训交叉或培训不到位的现象。

上海酒店市场中的国际品牌酒店

2006 年 5 月

一、国际品牌酒店在上海发展的三个阶段——20 世纪 80 年代的抢滩，90 年代的扩张，新世纪的全面发展

国际品牌酒店进入上海市场已有 20 年的历史。1985 年 10 月 16 日，喜来登国际集团与当时的上海市旅游局签署了全权管理大型旅游饭店华亭宾馆的协议，迈出了国际品牌酒店进入上海市场的第一步。接着，静安希尔顿饭店、日航龙柏饭店、花园饭店等由跨国酒店集团管理的酒店在其后两三年内相距开业，形成了上海酒店市场中最早一批的国际品牌酒店。早期的国际品牌酒店，大都是以境外资金权益投资为主。华亭宾馆是唯一一家内资（即非境外权益投资）酒店，也是国有酒店中敢于吃螃蟹的第一家。这段时期可以称为国际品牌酒店的抢滩期。

20 世纪 90 年代国际品牌酒店在上海有了新发展。这一时期，除了境外权益投资的新建酒店波特曼酒店、浦东香格里拉大酒店以外，另有两大类酒店的产生为国际品牌的介入提供了机会。一类是本地国有企业透过直接和间接渠道向海外融资建设的一批国有控股、海外参资的酒店。在管理上也相应地与海外接轨、诉诸国际品牌。银

星假日酒店、太平洋威士汀大饭店、锦沧文华大酒店等都是属于这一类；新亚集团此时建成的 5 家境外融资酒店，有 4 家（扬子江大酒店、海伦宾馆、广场长城酒店、新亚汤臣大酒店）都采取了国际品牌合同管理的模式。另一类是浦东开发引进的一批"省、部楼"，即由中央或外省市的政府或国有企业在浦东投资建造的酒店。这些国有酒店，诞生在浦东超常规开发的环境中，起点高又融入开放的理念，很自然地要寻求与国际先进管理实施对接。金茂凯悦酒店、浦东假日酒店、中油日航大酒店（以及后来的瑞吉红塔酒店、齐鲁万怡大酒店）都可归于这一类。这段时间是国际品牌酒店在上海扩大滩头阵地时期。

进入 21 世纪的上海，迈向国际化一级都市的进程在催生了和正在催生着一批现代科技智能化商务酒店的同时，也彻底改变了人们的理念；不仅经营管理不再被业主混淆于投资权益而视作不可轻易放手的"主权"（这一点曾经是专业化管理的主要障碍），而且其实施主体最好是由国际一流的品牌主体承担也成为业主中流行的时尚。从而进一步拆除了上海酒店管理市场的进入壁垒，开发商甚至从立项阶段就开始与国际集团接触与谈判，以寻求其尽早介入。国际管理的买方市场开始向卖方市场转化。国际酒店集团在扩大滩头阵地后开始长驱直入。

二、国际品牌酒店本地化的七种模式

内容详见第 176 页文章《国际品牌酒店本地化的模式选择》。

三、国际品牌酒店在上海高星级酒店领域中的领军作用

20 世纪 70 年代末改革开放以来国际酒店集团在本地的迅速发

展，加速了本地酒店与国际的接轨和本地市场融入全球一体化的进程。20年来，其在行业中，尤其是在高星级酒店领域中的领军作用是显而易见的。

（一）以前卫的经营理念，引领行业的管理水平

国际品牌酒店在将其服务产品融入本地市场的同时，也带入了其独特的企业文化和有别于本地传统思维的理念与做法，引发本土业者不同程度的感触、认同与效法，带动了业内企业文化、经营理念的革新和经营管理水平的提高。比较明显的有：

一是人力资源管理中员工为本的理念。国际品牌集团在员工与酒店的关系认定、对待员工的方法等方面大都贯彻的是一条员工为本的红线。主张"员工是最大的资产"（万豪），员工"是为绅士淑女服务的绅士淑女"（丽嘉），要"以期望员工对待顾客的方式来对待员工"（四季）等。并在实际操作中把员工作为酒店最重要的资源善待关注，在工作、培训、生活、待遇诸方面务尽人性化之考虑。例如，波特曼丽嘉酒店以顾客标准装修员工餐厅并为之举行隆重的开业典礼；四季酒店规定新员工入店培训期间可携家人在客房入住一夜并享有一定的签单权；管理人员值班，配偶子女可来店按客人标准免费陪宿并享用当日晚餐与次日早餐；员工任何时候都享有在职工餐厅免费用餐的权利等。据说有位本地籍管理人员曾因斥责休息日来店吃饭的员工而遭总经理批评。总经理认为，员工休息日来店吃饭，说明是把酒店看作可以倚赖的家。国际品牌酒店的做法在业内产生了连锁影响，越来越多的本土经营者改变了传统理念，接受了员工为第一要素，把员工作为重要资源关注呵护，提高了管理水平和凝聚力。例如，虹桥迎宾馆为员工提供发展型的业务技术培训，东湖宾馆效法波特曼为员工建造舒适的餐厅和休息娱乐设施，锦江集团拨专项巨款要求属下酒店彻底改造员工设施等。

二是经营与收入管理中 RevPAR 为核心的理念。与本土酒店以往传统上偏重其他视角指标的做法不同，国际品牌酒店多年来在收入管理方面坚持以国际上评估收入效益的主要指标 RevPAR（即平均每间可出租房的价格）为核心目标，通过采取不同措施适时调整其两项因子（出租率、房价）来实现 RevPAR 的上升与收益最大化。如洲际集团管理的上海古井假日酒店（holiday inn vister Shanghai）2004 年的年平均出租率做到了 90.8%，位列上海四、五星级酒店之最；而平均房价仅 584 元，略低于四星级酒店的平均值（586.81 元），以此计算的 RevPAR 为 530 元。2015 年酒店围绕提升 RevPAR，采取了加强需求管理的措施，控制低端需求，调整客源结构。2005 年平均出租率虽下降了 5 个百分点（85.8%），平均房价却上升了 85 元（达到 669 元），RevPAR 升到 575 元，增幅达 8.6%。表 1 中列出的五家酒店同期基本采取了类似的营运策略。其中除以日本市场为主的花园饭店受"4·16"涉日事件后日本客源大幅减少的影响 RevPAR 有所下降外，其余都实现了 RevPAR 上升的目标。

表 1：五家国际品牌酒店出租率、房价与 RevPAR 的变化情况（2004 年 vs 2005 年）

	金茂君悦	香格里拉	四季酒店	花园饭店	威士汀饭店
2004 年出租率	80.80%	81%	72.20%	77.80%	83.80%
2005 年出租率	80.70%	76.40%	68.50%	69.10%	79.50%
2004 年房价	2044 元	1565 元	1814 元	1281 元	1641 元
2005 年房价	2244 元	1723 元	2130 元	1332 元	2029 元
2004 年 RevPAR	1651 元	1268 元	1309 元	997 元	1375 元
2005 年 RevPAR	1811 元	1317 元	1460 元	920 元	1614 元

国际品牌酒店的理念与操作引领了行业趋势。2002 年以来，上海高星级酒店整体呈现的走向是在房价有序增长的同时客房率有所回落，而 RevPAR 则稳步上升（2003 年因 SARS 除外）（见表 2、表 3）。

表2: 上海高星级酒店出租率、房价与 RevPAR 的变化情况（2002 年 vs 2004 年）

	2002 年出租率	2004 年出租率	2002 年房价	2004 年房价	2002 年RevPAR	2004 年RevPAR
五星级	77.40%	75.73%	903.37 元	1177.21 元	699.21 元	891.5 元
四星级	76.95%	72.22%	473.05 元	586.81 元	364.01 元	423.79 元

表 3：上海高星级酒店出租率、房价与 RevPAR 的变化情况
（2004 年 vs 2005 年 1—5 月）

	2004 年出租率	2005 年出租率	2004 年房价	2005 年房价	2004 年RevPAR	2005 年RevPAR
五星级	75.73%	72.23%	1177.21 元	1342.47 元	891.5 元	963.03 元
四星级	72.22%	68.46%	586.81 元	637.85 元	423.79 元	428.27 元

三是市场开拓发展管理中合作主导竞争的理念。竞争是市场与生俱来的法则。酒店集聚的都市区域同质竞争更是在所难免。面对区域内外众多对手与伙伴应确立何种理念处置发展竞争来拓展市场？国际品牌酒店在上海的做法是以合作为主线主导竞争，即在区域外大市场上合力营销，提升和维护城市形象，增强本地从而也增强酒店自身在国内外大市场上的竞争实力；在区域内的市场中则营造良性竞争氛围，注重细分差异，通过各定其位各司己长来化解区域内同质竞争的压力。多年来，它们摆脱品牌间的门第之见，利用 IBHS（上海饭店协会国际品牌酒店专业委员会）的平台，定期分析市场、交流信息、协调关系、采取联手行动；多次配合上海市旅

游委在欧洲、美国、韩国、日本等境外客源地营销上海的都市旅游与商务会展旅游；2003 年 SARS 期间，它们为维护城市形象坚守阵地，没有一家采取关门停业的措施；SARS 后期主动酝酿发起"黄丝带"活动，向国外展示上海安全稳定的环境、传递殷切盼客的信息。在各自区域内，加强相互之间及与本土酒店之间的沟通与默契，形成"大河有水小河满，大河退潮小河干"的共识，努力营造与珍惜良性发展环境。例如，集聚在浦东东方路—竹园地区一带的汤臣洲际、瑞吉红塔、齐鲁万怡、浦东假日等国际品牌酒店与紫金山、中油、通茂、宝安、嘉瑞、名城等本土酒店，多年在目标市场细分与服务差异上形成默契，各有各的客源，各持各的特长，各定各的价位，各做各的生意，互补互助，共同塑造出该区域和谐理想的商旅住宿目的地形象。

（二）以内在有效的招揽机制，拉升了入境人数与客房出租率

国际酒店集团的跨国网络连接，尤其是大型国际品牌集团自成体系的中央预订机构和以常客计划为核心的全球营销系统（如万豪的 MASHA 系统与礼赏计划、洲际的 HOLIDEX 与优悦俱乐部、喜达屋的 STARLINK 与积分俱乐部等）。它们凭借其全球美誉度和便捷手续源源不断为旗下酒店输送和吸引异地或境外旅客，同时也带动了所在地入境与过夜人数的增加及酒店业平均出租率的上升。

一是国际品牌酒店通过集团的中央预订机构获得源源不断的增量客源。国际酒店集团一般都有跨国网络系统，尤其是大型品牌集团有自成体系的中央预订机构，如万豪的 MASHA、洲际的 HOLIDEX、喜达屋的 STARLINK、雅高的 CRS、卡尔森的 CURTIS-C 等。这些系统和机构有遍布全球数以百万计的客户资源和网络终端，能通过全球旅行分销系统（GDS）、因特网、预订电话等多种接入渠道将终端客户的需求预订信息快速汇集、瞬时反映、合理配置，有序派送，从而使旗下酒店大大受益。从上海一地的情况看，国际品牌酒店来自中央预订系统的订单平均可占到每日客房销售的 10%~15%。有些酒店接受中央预订机构的客源甚至可以高达 20%~30%。

二是国际品牌酒店的全球营销系统为其吸引了可观的常旅行会员。国际酒店集团大都还有一套以常客计划为核心的营销系统，如万豪的礼赏计划、洲际的优悦会、凯悦的金护照、喜达屋的积分俱乐部等。它们不仅在全球各地自身品牌系列酒店中推行积分奖励活动，而且往往与全球性航空公司的积分系统相通（如万豪集团的礼赏奖励计划在全球有 28 个航空公司合作伙伴），实现两者之间无障碍互换，因而成倍扩大了影响力和可兑换性，招揽了更多的客源。更主要的是，这套积分系统对于商务客有着特殊的吸引力。这是因为商务客出差时其机票与住酒店费用由公司承担，但由此换得的积分属于自己。当积分累积到一定程度，便可换取免费的机票和住房，在假期带着老婆孩子出去旅游。因此一旦商务客加入了某个国际品牌的积分俱乐部就会被它牢牢吸引住，不管到什么地方都一定要住这个集团的酒店。在这种情况下，房价对于他来说也不一定是最敏感的了。这也部分解释了国际品牌酒店商务客比重较高和房价较高的原因：在上海，知名国际品牌酒店常客会员使用的客房，一般能够占到销售总间夜数的 10%，多的酒店可高达 20% 以上（事实上这一比例还要高，但由于入住的常客积分会员与中央预订系统输送的客源存在部分重合，因此这里的数字是把通过中央预订系统入住的常旅行会员使用的房间做了扣除后计算的）。

这种内在有效的招揽机制对本地旅游和酒店市场的积极作用表现在两个方面：一是促进了入境旅游人数的增加。在其他条件既定的情况下，某一特定区域内随着国际品牌酒店数量的上升，区域整体的入境旅客人数在总量上也会得到增加（尽管由这一因素导致的增加在整体增加中的比重不一定很大）。二是提领了客房出租率。国际品牌酒店的出租率在行业中大都处在领先位置，因而其出租率均值要高于行业的均值，如 2004 年上海高星级酒店的客房出租率，五星级为 75.73%，四星级为 72.22%；而其中国际品牌酒店的客房出租率，五星级为 77.27%，四星级为 73.25%。都在行业的均值之上。对行业均值起了提领作用。

（三）以大比重海外销售，支撑了行业的平均房价

国际知名品牌在上海管理的酒店中，由于国际网络的优势，海外客源的比重一般都在 50% 以上，多的可达 80%（如静安希尔顿、花园饭店等）；而在海外市场，尤其是欧美、日本等发达国家市场中，由于当地消费习惯和货币购买力平价的因素，同档次酒店的实际价格水平要比国内高得多，这就使得国内酒店在国外的销售价格有高于本地价格的可能性。而实际上国内的国际品牌酒店也是这么做的。以洲际集团在上海的酒店为例：银星皇冠酒店在本地市场的销售价格是 100$，而通过 HOLIDEX 在美国的销售价格是 120$；广场长城假日酒店在国内的价格是 600 元人民币（相当于 70 多 $），而在欧美国家则可卖到 90$。这一差距在 20%~30%。此外由于前述高兑换度积分制度的推行，国际品牌酒店中商务散客的比重相对较大（国际兑换度高的积分制度对商务旅行者有特殊的吸引力。因为商务旅行者的机票、酒店住宿等差旅费用是由公司报销，而由此获得的奖励积分则是落在个人名下。积累到一定量，便可兑换成免费机票与酒店客房。因此商务客一旦加入这一体系便不可自拔，成为它的忠诚客户）。商务散客较之于自费旅游者和团队客，不仅房价支付得高，对酒店内综合消费的贡献也大。因此目前在上海，同等环境同等条件下，国际品牌酒店的房价比本土酒店要高（以 2005 年 5 月份上海 24 家五星级酒店为例：19 家国际品牌酒店的平均房价为 ××× 元，5 家本土酒店的平均房价为 ×××）。国际品牌酒店的房价对行业的平均房价起了支撑和提升作用。

四、国际品牌酒店在本地扩张中的三个倾向

（一）一批在国际上面向中档市场的品牌，进入中国后转入高档市场

国际品牌在国内的市场定位升级这一倾向不仅在上海，而且在全国有一定的普遍性。例如，洲际集团的假日（HOLIDAY INN）品牌，雅高的诺福特（NOVOTEL）品牌，在国际市场上，特别是在美国、欧洲等地，主要面对中档大众市场，相当于国内三星级酒店的定位。但是进入中国市场后，都实际管理了四星级的酒店（如上海的浦东假日、长城广场假日、古井假日、海神诺福特等），在个别地区甚至进入了五星级的领域（如假日品牌对海南三亚假日酒店和安徽合肥古井酒店的管理）；万豪集团旗下万怡（COURTYARD BY MARRIOTT）酒店的定位，按集团总裁小马里奥特的说法，是提供"有限服务"（见 J.W.MARRIOTT 所著《THE SPIRIT TO SERVE》第 235 页）。而在上海管理的齐鲁万怡酒店，其提供的服务已超出了"有限"的范围，是一家介于"有限"与"全面"之间的四星级酒店。胜腾的 Super 8 Motel（速 8）是北美最大的汽车旅馆品牌，在中国不仅已升级到经济型酒店中的中等以上上层市场不说，甚至把它在国外使用的 LOGO 也进行了改动——把"Motel"中的"M"悄悄地换成"H"。出现这种情况的原因有三：一是酒店业主在签约前缺

乏对国际市场各酒店品牌背景状况的深入了解。二是国内酒店市场对国际品牌的需求发生变化，特别是大知名品牌的供需出现从买方市场向卖方市场的转化。管理方慎用高端品牌且要价较高，业主方不得不屈就其低一级的品牌。三是国内外酒店市场由于购买力平价因素存在着房价差异（如国内大部分地区四星级酒店的价格与欧美地区三星级酒店相当，甚至还要低），使国际集团有可能用中档品牌管理较高的酒店而不形成同一品牌内的价格冲突。

实际上，品牌与所管理酒店错位的状况，对业主固然不利（其投资在销售市场上被贬低），对管理公司也未必是好事（搅乱了内部各品牌之间市场与服务定位，使品牌的内涵模糊化）。因此目前一些国际集团已经意识到这个问题，开始对自身品牌系列进行一些调整。如雅高集团近年来在并购了一些酒店品牌后进行了内部品牌系列的调整，将诺福特和美居两个同为中档的品牌加以区分，明确了诺福特将做高于美居但低于索菲特的市场。

（二）一批国际品牌进入中国市场后的发展扩张模式转型变身

国际品牌进入中国市场后出现的另一个倾向是其发展和扩张模式的转型变身：一些在国际上以特许经营为主导模式的品牌，进入本地后纷纷操起了委托管理业务。例如，胜腾旗下著名的特许经营品牌戴斯（DAYS INN），在中国市场上已取得了多个全权委托合同管理项目；沈阳××酒店、长沙××戴斯、上海中祥大酒店等；美国以纯特许经营模式著称的CHOICE集团，进入中国的步伐比其他国际集团至少要晚一到两个年代，但其在国内的第一个动作却是与业主方接洽委托管理——最近，一家自称是CHOICE的代理公司，以委托管理候选者的身份试图加入上海西藏大厦酒店管理项目的竞标行列。模式转型变身的另一种情况是国际上的某些营销联盟或饭店联合体组织在国内也变身做起了特许经营甚至是委托管理的业务。如国际著名营销联盟 BESTWESTERN（最佳西方）眼下在中国从事的都是特许经营性质的业务。

国际品牌在中国国内能够实现传统模式转型变身的主要背景同样是国内市场对国际品牌管理的需求激增；业主尤其是初涉酒店的非业内业主对职业化管理有迫切感，但又缺少对品牌背景状况的了解；而这些转型变身的品牌开出的管理费有一定的伸缩余地和诱惑力也是促使谈判成功的一个条件。

当然，任何事物的发展都有一个过程，事实上，许多目前以合同管理为主模式的酒店集团历史上也经历过一个通过特许经营扩张的阶段，有些至今还是特许经营与管理合同两种发展模式并存（如雅高集团、洲际集团在国际上都有一定数量的特许经营酒店）。因此不能说国际特许经营的品牌在中国就不能做合同管理。只要在国际上有广泛知名度，有发达的网络系统，了解中国的国情并已具备了一定的管理实力，能为业主方带来好的经营绩效，那么特许经营品牌在中国迈出合同管理的第一步也未必不是一件好事。

（三）管理人员本土化的速度加快

国际品牌酒店，尤其是由国际集团执行管理合同的酒店，在人事配置上的一个重要特点是外籍人员担任主导职位。早期，酒店的外籍人员不限于行政岗位，也包括具体的技术和操作岗位。例如，20 世纪 80 年代的静安希尔顿酒店，管理公司的外籍人员达 70 来人，从总经理、部门总监到行政总厨、西餐厨师无所不包，甚至中餐厅厨师也使用港籍人员。华亭喜来登也大致如此。外籍人员的大量派驻有益于保持国际品牌的原汁原味，但同时给酒店和业主方增加了大量成本开支。因此 90 年代中期以后，在业主方的压力下，国际集团开始逐步削减酒店中的外籍工作人员，用本地人士取而代之。目前，静安希尔顿、波特曼等酒店中的外籍人员已减至30来人；其他品牌酒店也把外籍人员数量控制在经营必需的范围内。

五、引进国际品牌管理要注意的几个问题

（一）要打破传统的自建自管理念

（二）要把重点从引进资金转到引进管理上

克服只注意引进国际资金，忽视引进国际管理的倾向。

（三）要加强对国际酒店集团及其品牌的研究了解

不言而喻，国际酒店集团及其管理公司是酒店行业的跨国公司，其投资分布、经营规模、市场份额、供应销售渠道等都已超出一国地域的概念。但是，不能反过来认为凡是从事和揽接跨国界酒店管理业务的公司都是国际酒店集团或国际酒店公司。我认为，典型以输出管理为主的国际酒店集团或国际酒店管理公司应当具备以下四个特征：

第一，有在国际范围被广泛认知、由相当忠诚客户追随的品牌；

第二，有建立在经验曲线基础上的标准操作程序和管理模式；

第三，有统一的跨国营销系统和预订网络；

第四，有雄厚的人力资源系统支持，具备独立培训能力和成建制派出能力。

（四）要根据自己的实际情况选择适合于自己的模式

酒店由于区域环境、地理位置、市场条件甚至自身成熟程度的不同，在适用的管理方法和模式上应当是各不相同的，业主应当根据自己的实际情况选择适合于自己的模式。此外，我们对引进国际品牌的管理采取欢迎的态度并不等于说国际品牌是包治酒店百病、

解决所有问题的灵丹妙药，更不是排斥国内管理公司的管理或职业经理人的管理等其他方式。酒店的开发商或业主，在要不要引进国际品牌，以及何时引进和引进何种国际品牌问题上应根据自己的实际情况，做出适合于自己的选择。而不宜盲目跟风。

上海经济型旅店业的现状、趋势与行业管理对策

2007 年 4 月

一、经济型旅店概念的定位

（一）经济型旅店的内涵与外延

经济型旅店（Budget Hotels）（相对于星级饭店来说，也称为社会旅馆），是指除星级标准的饭店以外，进入旅游市场以客房为主业合法从事经营活动的住宿企业。它包括各种形式的青年旅店、假日旅店、经济型商务旅店等。但不包括：（1）不进入旅游市场的住宿设施，如向外租赁的个人房屋、酒店式公寓等；（2）虽有客房或床位，但不以其为主业的经营设施，如设有过夜客房的洗浴场等；（3）经营活动未经合法注册的设施。

（二）经济型旅店与星级饭店的主要区别

经济型旅店（社会旅馆）与星级饭店一起，共同构成上海住宿业的主体。两者之间的主要区别不在于经营规模的大小（因为有的经济型旅店规模是非常大的，如莫泰 168 的延安西路店和锦江之星吴中路店客房数量达 500 多间，均称得上是大型或超大型；而星级标准的饭店也有规模非常小的，如即将开业相当于四星级水平的璞

邸精品酒店，仅有客房 51 间），也主要不在于装修的豪华程度与档次的高低（星级饭店中有低档次和装修比较简单的，如一星级饭店；而经济型旅店中有的标准是相当高的，如格林豪泰的静安店和中山北路店等，其客房服务设施水平不亚于三星级饭店）。它们之间的主要区别在于市场定位不同和所提供的服务的差异。星级饭店提供的是多功能多方位的设施与服务，即除了客房的设施服务以外，还有餐饮、康健娱乐、会议等的设施和服务等，每一个都可作为独立的盈利中心。而经济型旅店则是提供单一的客房住宿设施和服务。有的经济型旅店虽然也附带餐饮，但主要是为了解决住店客吃早餐的问题，（如闸北区的美兴大酒店），从本质上来看它是附属于客房，是客房服务的延伸保障，而不是独立的盈利中心。

二、上海经济型旅店的现状

（一）经济型旅店在上海旅游住宿体系中的比重

目前上海旅游市场中的住宿设施约 4700 家，38.4 万多张床位；其中经济型旅店约 4420 家，占旅游住宿设施总数的 92% 以上；床位约 28.4 万张，占总数的 73.96%。在上海旅游住宿体系中，经济型旅店的接待能力占到 2/3，是不可忽视的部分。

（二）经济型旅店基于客房结构的分类

上海目前的经济型旅店，根据其客房结构的差异，可再分为三类，即青年旅店、假日旅店和商务旅店。

1.青年旅店。其客房结构的基本特征是一房多床（或多铺）、客房内不设独立的卫生间，住店客使用楼层共用的卫生洗浴设施。以这类客房结构为基础的旅店目前不是很多，数量约占经济型旅店总量的 1%。黄埔区福州路和浦东新区崂山路上的两家船长酒店、其他一些加入国际青年旅舍联盟的旅店以及有些低档招待所，大都采用这种配置。

2. 假日旅店。其客房结构的基本特征是一房两床（有的为迎合一家三口度假需要也设置一些一房三床的房间），客房内设有独立的洗漱卫生设施，但其余配置比较简单。这一类旅店占目前上海经济型旅店的多数（70% 以上）。一些著名经济型旅店连锁（如锦江之星、莫泰 168、如家、宝隆居家、速 8 等），当前的主流产品都属于这一类。

3. 商务旅店。其客房结构的基本特征是在一房两床含独立卫生间的基础上使用中高档次家具配置和增强商务内含与功能（如有相当比重的单人大床房、配置中高档次的独立写字桌、软座椅或简易沙发、上网功能等）。这类旅店占经济性旅店的 20% 以上。目前上海旅店连锁中格林豪泰、七斗星、假日快捷等属于这一类。

至于各个系统或部门的招待所，其进入市场部分，可以按照其客房的结构、设施设备的配置及市场与服务的定位分别归入上述三类细分中。

关于汽车旅馆。从国际情况来看，汽车旅馆的发展一般要具备两个前提条件：一是公路系统高度发达，二是居民的汽车拥有量高。上海目前尚未成熟汽车旅馆的发展条件，因此也还没有真正意义的汽车旅馆。

（三）上海经济型旅店的特点

1. 价格低廉但跨幅较宽。

2. 分布不匀称但相对合理。

3. 一般以实现功能型服务为限。

4. 总量处于快速变化变动之中。

（四）上海经济型旅店现存的问题

1. 总体管理水平较低；

2. 缺乏心理性服务；

3. 多数服务不规范；

4. 部分旅店项目未完善土地使用手续。

三、上海经济型旅店面临的几个趋势

（一）客源市场的增长趋势

国内旅游的持续发展为经济型旅店提供了巨大的客源市场。进入21世纪后上海的国内旅游一直在持续发展。这里有一组国内旅游的接待数据：2000年接待7848万人次，2001年8254.49万人次，2002年8760.92万人，2003年7500万人次，2004年8505.13万人次，2005年9100万人次，2006年9683.97万人次。从中可以看出，除了2003年因SARS而受影响以外，国内旅游的人数一直保持着上升趋势。2007年，我们上海旅委预计完成的目标是1亿人次。据调查，上海的国内游客中3/4为外地旅客（2006年上海国内旅客总数9683.97万人中外省市来沪者为7326.64万人次，占75.66%），外地旅客中过夜住宿者占69%，而过夜住宿者中有84%左右住宾馆和旅店，其中又有60%是住宿在经济型旅店。如按每人次平均停留2.5夜、一年365天计算，客房率80%计算，2007年住宿在经济型旅店的国内旅客大约需要22.33万张床位。而目前的实际接待量是20万张左右。因此2007年经济型旅店尚有2万多张床位的发展空间。

这里要注意的是，这几年经济型旅店增长的速度很快。仅去年一年就增加了12500间客房，大约25000张床位。因此2007年2万多张床位的供需缺口实际上已经没有多大的余地。按上年的增速不但可以填满，而且会有多余。因此还是要适当控制。

（二）优胜劣汰的消长趋势

1. 小、散、差的旅店被淘汰出局

2. 新型的连锁旅店供应不足（表现在出房率与房价两个方面）

3. 对经济型旅店的投资势头方兴未艾

（三）连锁业态的爆发趋势

1. 连锁业态实现的五个层面。旅馆的连锁关系结构就其实质而言可以细分为五类，或者说是建立在五个不同层面上的：（1）物业地产归属层面；（2）物业外的权益归属层面；（3）管理经营层面；（4）规范与标准层面；（5）营销层面。

以地产物业归属权为基础的连锁。也叫全资拥有型的连锁。是指连锁集团拥有旅店的全部物业地产和资产，直接负责旅店的经营管理，获得旅店物业地产和经营的全部收益。这是连锁中最紧密的结构关系。锦江之星中地产物业归其所有（或归锦江集团所有）的那些直营旅店即属于这一类。

以物业外权益归属为基础的连锁。是指旅店物业地产归业主所有，连锁集团以租赁取得使用权，在此基础上拥有经营和其他资产权益的连锁。如锦江之星、莫泰168、如家旗下物业租赁的直营店属于这一类。

管理经营层面的连锁。是指旅店的物业与资产分属于不同的业主，但由一个管理集团实施经营管理。这是一种合同管理形式的连锁，锦江之星与如家的输出管理加盟店即属于此类。

规范与标准层面的连锁。是指酒店不仅物业与资产分属于不同业主，经营管理也属于不同的公司，但使用相同的品牌，按统一的标准和规范来操作。锦江之星的特许经营加盟店即属于此类。

营销层面。是指单体旅店通过参加或组成某种营销网络相互联系，形成在这个意义上的连锁。如船长酒店等所加入的青年旅舍。这是最松散型的（或者是叫最低限度的）连锁化。

2. 上海旅店业的连锁正在实现以第一层面为主向第二、第三、第四层面为主的转化。从行业整体看，第二、三、四层面的连锁在扩大并且成为连锁集团用以扩大的主要形式；从单个集团来看，第一层面的连锁部分比重在缩小、弱化，而第二、三、四层面的连锁部分比重在增加、扩大。如大都市集团的演变：原属下35家全资旅店，市政动迁后减少到15家。近期经过改制，有12家释放出去，演变为近似特许经营形式，全资仅剩3家。锦江之星现有59家旅店，第一层面即拥有地产物业的直营店占36%，第二层面即租赁物业的直营店24%，第三层面即派出管理的加盟店12%，第四层面即特许经营加盟店28%。

3. 以品牌内含为主的新连锁的涌现。除了已有的锦江之星、如家旅店、莫泰168、宝隆居家等以品牌内含为主的连锁以外，近来又涌现了格林豪泰、城市之光等。

4. 连锁规模呈几何级数的扩大。莫泰168旅店2003年开了第一家吴中路店。到2005年年底开出20家（上海地区17家）；2006年底达到50多家（上海地区近30家）。增长可谓是几何级数。锦江之星2005年中期已开业59家，其中上海28家，到2005年年底72家，上海32家；2006年年底的开业数达120家（签合同数达200家），上海地区突破400家。也几乎是翻倍增长。

（四）国际品牌的介入趋势

1. 国际经济型旅店品牌相对于国内旅馆品牌的优势

（1）在国际上的品牌认知度高

（2）管理技术比较成熟

（3）拥有全球网络系统

2. 国际经济型旅店品牌相对于国内旅馆品牌的劣势

（1）经营成本较高

（2）与国内市场贴近程度较低

（3）与高星级国际品牌相比网络系统的优势受到一定的限制

3. 部分国际品牌已完成前期调研，开始涉足上海市场。（速8、假日快捷）

四、行业管理对策

（1）加强对经济型旅店的整合与结构调整（要有宏观规划与调控）

（2）完善经济型旅店的行业自律组织

（3）推动经济性旅店的连锁化与网络化进程

（4）推动制定经济型旅店的标准与规范

（5）在经济型旅馆中开展规范服务达标活动与优质服务达标活动

（本文系作者 2007 年 4 月 26 日在上海地区经济型连锁旅店座谈会上的发言提纲）

国际品牌酒店本地化的模式选择

2007 年 8 月

上海酒店市场中的国际品牌酒店，其权益投资的成分与结构各不相同，在使用国际品牌前提下具体的经营管理形式也有所差异，这两个维面的组合形成了国际品牌酒店本地化的多种具体存在模式。从目前情况看主要有七种，即品牌方全额投资加直接管理模式，品牌方参与投资并受托管理模式，品牌方受托全权管理模式，品牌方出让特许经营模式，品牌方出让特许经营与第三方合同管理叠加模式，品牌方受托有限管理模式，营销联盟模式等。

（一）品牌方全额投资加直接管理模式

这是由国际集团对酒店实行全额投资拥有产权，同时使用集团属下的品牌实施直接管理的模式。这种模式下的酒店与拥有品牌的集团之间的关系是子公司与母公司的关系，因而是集团化中最紧密的关系。由于这种模式下酒店集团的发展主要依靠大量固定资产的积聚与投入，增长速度相对来说受到限制，因此大部分国际集团不以此作为扩张的主要形式。目前主要是香格里拉、泰姬等一些亚洲酒店集团较多采用这种模式。在上海的国际品牌酒店中只有浦东香格里拉大酒店一家是国际集团作为业主拥有并且直接管理的（严格说来，在浦东香格里拉酒店的股权结构中，香格里拉集团占 99%，浦东陆家嘴开发公司代表土地所有者占 1%。但是由于该酒店的资金实际上是由香格里拉集团全额投入，因此我们仍把它归在这一类）。

（二）品牌方参与投资并受托管理模式

这是由国际集团对酒店实施部分权益投资并相应拥有部分产权，同时与酒店大股东为代表的业主整体签订合同使用品牌进行管理的模式，也就是通常所说的带资管理。目前上海国际品牌酒店中四季酒店、静安希尔顿酒店等就是采用这种模式。以四季酒店为例，其股权分属三方——上海实业占 76%，静安区土地控股公司占 4%，四季集团占 20%，但由四季集团实施全权管理。在多数情况下，品牌方带资管理是酒店大业主方坚持要求的结果。大业主如此坚持，其原因一是出于融资需要，缓解自身资金压力，二是想以此捆绑住品牌方，迫使其用心管理。而品牌方在一般不投资的情况下接受带资管理也有两种情况：一是急于取得管理合同、打开当地市场，迫于大业主方的压力不得已而为之。在这种情况下品牌方视投资为权宜之措，出资额往往仅限于装修或部分改造的费用，资金来源往往采用预支管理费的方法（即品牌方实际不拿出钱来，而是拿将来的管理费作为投资）；品牌方看重的不是权益回报，而是市场效应和管理费。二是确实看好该酒店项目的市场前景，将权益投资作为一个长期战略和保障管理合同不断延续的手段。在这种情况下，品牌方的利益驱使动机中既有长期（甚至永久）赚取管理费的因素，也有获得权益回报的考虑。

（三）品牌方受托全权管理模式

这是由国际集团与酒店业主签订合同，受托对酒店实施全权管理的模式。在这种模式下，品牌方不涉及权益投资，因而也没有权益回报，其收入的主要来源是管理费（一般由两部分构成：一是基本管理费，其行情是营收额的 1.5%~2%；二是奖励管理费，其行情大约是 GOP 的 5%），此外还有网络使用费、营销广告费和按笔计算的客房预定佣金。这种模式下的业主与品牌双方，其实质是典型的雇用与被雇用的关系。从业主方来说，是花钱聘用精明的理财管家，"工资"虽高（有时甚至高得难以接受），但其管理带来的收益往往要更高得多，因而最终是划算的。从品牌方来说，虽是"打工"角色，但"薪资"优厚，旱涝保收，没有风险。即使遇到类似 SARS 的情况，出租率再低，只要有一间客房卖出就有收益进账。因此这种模式成为国际酒店集团普遍青睐的对象，以至于一些传统上以出让品牌特许经营权为营生的集团，只要有可能，也在上海做起合同管理的生意。目前看来，这是上海国际品牌酒店的主流模式。例如，万豪系列、雅高系列、洲际系列的酒店等在本地均采用了这种模式。

（四）品牌方出让特许经营模式

这是国际集团将品牌的使用权出售给酒店业主，允许酒店业主以其品牌名义开展经营活动的模式。在这种模式的契约关系中，国际集团不承担酒店日常经营管理的职责，但通常允许品牌受让方加入自己的营销和预订网络，有的还提供管理系统的支持，即提供统一的管理制度、统一的服务质量和评分标准、定期派出检查人员进行明察暗访等（如华美达国际即是如此）。由于特许经营关系中品牌受让方保持着对实际经营管理活动的控制权，而且一般来说付给出让方的品牌特许使用费要比合同管理关系中业主支付给管理方的管理费便宜得多。因此，不愿意放弃经营管理自主权（或比较计较眼前支出成本）而又想利用国际品牌的声誉及其预定网络和营销系统的酒店业主往往选择采用这种品牌模式。目前上海国际品牌酒店中采取特许经营模式的主要有兰生丽笙酒店、南新雅华美达酒店、浦东金桥华美达酒店、浦东国际机场华美达酒店和兴园华美达酒店等。

（五）品牌方出让特许经营与第三方合同管理叠加模式

这是一个酒店业主同时与两个对象分别发生特许经营与委托管理关系，将两者予以结合的模式（国际上也有叫"第三方管理"）。其中，特许经营出让方是国际知名品牌，而受托管理者通常是国际上的小公司。上海国际品牌酒店中的金桥华美达酒店早期就曾使用这种模式：它与美国 INNOVAR 公司签约委托其管理，同时又使用华美达的特许经营品牌。这种模式一般适用于那些初涉酒店行业尚不具酒店专业管理经验（或者专事其他行业而无暇顾及酒店管理），想要使用国际品牌和国际管理但又想将成本控制在较低程度的业主。

还有一种情况，即有些较小的酒店管理公司与大的国际品牌公司签有长期承包协议，承包经营该品牌在某特定区域范围内的业务。他们与国际品牌之间是特许经营关系，但又以国际品牌的名义与业主方签订管理合同对酒店实施合同管理。从酒店使用国际品牌的全部关系来看，也属于特许经营与合同管理叠加或者叫第三方管理，但是从业主的角度来看，它只面对一家管理公司并与之签订的是全权委托管理协议，因此我们还是将其归入合同管理模式。

（六）品牌方受托有限管理模式

这是酒店业主方与国际集团签订委托管理合同，由国际集团在合同所确定的限度或范围内负责酒店营运和对酒店进行管理的模式。这种模式不同于全权委托合同管理的区别在于，业主方通过合同的规定为自己保留了一块由于某种原因不便于或者不愿意由外方来经营管理的部分。这种模式首见于上海东湖集团属下的兴国宾馆。这家政府接待宾馆在与美国卡尔森集团谈判合作的过程中根据自身国宾馆性质特点与对方达成一种区别于一般合同管理形式的特殊安排：委托对方使用"雷迪森广场"品牌实施管理，但酒店总经理由中方担任；酒店的特殊内宾接待任务由总经理直接负责，外方不予过问；外方的最高管理人员为营运总监，但实际承担住店经理的职责，负责除内宾接待任务以外酒店的所有营运管理工作。兴国模式为政府接待型宾馆加盟国际品牌酒店提供了有益的经验。

（七）品牌营销联盟模式

这是酒店业主（或管理方）与某些专事营销的国际品牌组织（如 The leading hotels in the world、World hotels、Summit 等）达成加盟协议，在营销和（或）预订业务方面取得其系统支持的一种形式。营销联盟是一种松散的集团形式，维系其成员的纽带主要是营销与预订的业务联系；成员酒店一般都有独立于联盟的产权归属、管理实体和经营管理制度，有的甚至有自己另外的营销系统或预定渠道。其加入品牌联盟的目的，对于没有国际分销渠道的酒店来说是弥补缺项，以求拓开国际客源市场；对于已有国际渠道的酒店来说则是强化系统，以求在国际客源市场上获取更多的份额。例如，上海目前加入 World hotels（即原 stagenberger reservation system，SRS）的四家酒店中，海鸥饭店、新元大酒店属于前一种情况，龙柏饭店、巴黎春天大酒店属于后一种情况。此外，由于维系纽带建立在营销层面上，因此，入盟酒店可以存在事实上的品牌交叉，即它虽是某品牌营销联盟的成员，但管理实体则是属于另一个品牌。例如，上海花园饭店是 The leading hotels in the world 在上海的成员，其管理实体则是日本著名的大仓（Okura）饭店集团；锦沧文华大酒店是 ASIAN HOTELS ALLIANCE（亚洲酒店联盟，简称 AHA）的成员，但它同时又由总部在新加坡的君华酒店集团（MERITUS HOTELS &

RESORTS）进行管理。

　　以上是上海现有的几种国际品牌酒店存在与操作的具体模式。随着市场的发展及更多国际品牌的进入，今后可能还会有新的模式或变种形式产生出来。例如，现在还有一种趋向：有的合同管理酒店中的业主方或特许经营酒店中的受让方在与国际品牌的拥有方经过一个阶段合作之后建立了相互信任关系，受国际品牌拥有方的特许（或与品牌拥有方一起建立合资管理公司）在本地（或国内其他地区）代表品牌方从事或拓展合同管理或特许经营业务。上海贵都大饭店的业主与国际贵都集团之间、浦东机场华美达酒店的业主与华美达国际之间据说都曾就此进行过探讨。如果成功，不妨又可算作一种新的模式。

（《中国旅游报 》2007-08-01 ）

"三指标"联动，实现酒店效益最优化

2007 年 9 月

　　RevPAR 作为衡量酒店经营效益的指标，其增加固然是酒店效益的增长，但不一定是效益的最优增长。这是由于作为平均房价与平均出租率两个因子的乘积，RevPAR 的上升可以源自两种情况：一是出租率的扩大，二是房价的升涨。而分别来看，两者对 GOP 率和 GOPPAR 增长的影响是不完全一样的：前者通过售出更多的客房来实现 RevPAR 上升，客房的直接支出成本（如客用品的日耗、布草的洗涤等）相应增加，因此在其他条件不变的情况下，GOP 率没有增加，GOPPAR 虽有增加，但增加比例相对较小；后者通过以较高价格卖出同样数量（甚至数量较少）的客房来实现 RevPAR 上升，客房的直接支出成本不变甚至会减少，因而在其他条件不变的情况下，不仅 GOP 率与 GOPPAR 都会增加，GOPPAR 的增长幅度也相对较大。因此相较而言，源自房价增长因素、联动 GOP 率与 GOPPAR 同向增长的 RevPAR 的上升，才是酒店效益更优的体现。

　　国际品牌管理的酒店，其管理合同一般规定管理费用的结构由根据营业收入总额百分比提取的基本管理费和根据经营毛利（GOP）总额百分比提取的奖励管理费两大块组成，有的合同还规定奖励管理费的提取要以一定比例的 GOP 率为起点，在此起点之上，GOP 率越高奖励管理费的提取比例越大。这就决定其经营与收入管理的目标不是只限于 RevPAR 的增加，而是必须同时关注 GOP 率与 GOPPAR 的上升，即实现 RevPAR 与 GOP 率、GOPPAR 的联动增长。因此在经营与收入管理的实际操作中，国际品牌酒店的管理者一般以此为导向，较多地诉诸价格升涨的因素，实施坚挺的价格政策，在竞争中尽量避免削价拼争，而是注重以增进内涵来支撑或升涨房价。

以 RevPAR、GOP 率、GOPPAR 联动增长为导向的典型例子之一是古井假日酒店。这家 Holiday Inn 酒店 2003 年 8 月开业，2004年的平均出租率达 90.8%（位列当年上海四五星级酒店之最），平均房价 502 元，RevPAR 为 455.82 元，GOP 率为 38.9%，GOPPAR为 265.09 元。2005 年采取加强市场需求管理的措施，控制低端需求，调整客源结构，在增加服务内涵的同时以较高的价格出售客房。结果当年出租率虽然降到 87%，同比减少了 3.8 个百分点，降幅为4.2%；但平均房价却达到 594 元，上升 18.3%；RevPAR 为 516.78元，上升 13.37%；GOP 率达 44.4%，同比增加了 5.5 个百分点，GOPPAR 为 334 元，同比增加 25.61%。

类似案例在国际品牌酒店中不在少数。附表中列出的 5 家酒店同期采取了相似的营运策略，均实现了 RevPAR、GOPPAR 和 GOP率联动增长的目标。

附表　5 家国际品牌酒店经营情况（2004 vs 2005）

	金茂君悦	万豪虹桥	瑞吉红塔	浦东假日	银星皇冠
2004 年出租率（%）	80.8	82.5	69.5	82.9	78
2005 年出租率（%）	81.8	85.4	66.8	79.9	73.3
2004 年平均房价（元）	2044	1251	1535.19	641.95	751.24

	金茂君悦	万豪虹桥	瑞吉红塔	浦东假日	银星皇冠
2005 年平均房价（元）	2299	1369	1760.93	715.45	864.97
2004 年 GOP 率（%）	47	39.4	46.2	42.05	49.50
2005 年 GOP 率（%）	49	40.1	49.7	42.47	49.85
2004 年 GOPPAR（元）	1519	770.27	668.80	340.01	418.86
2005 年 GOPPAR（元）	1743	884.06	810.53	363.89	441.82
2004 年 RevPAR（元）	1651	1032	1066.96	532.18	585.97
2005 年 RevPAR（元）	1880	1169	1176.30	600.41	634.02

这里要说明的是，以 RevPAR、GOP 率、GOPPAR 联动增长为导向，固然要求以尽可能好的价格售出客房，但不等于盲目提价。事实上，价格升涨不是凭主观愿望在任何时候都能随意实现的，而是受诸多因素制约：第一，升涨要有服务内涵作基础，即所谓物有所值。没有内涵增长或者"新亮点"的价格拔高是不被市场认同的。第二，涨幅不能超出合理的度。这个度是房价与出租率两维坐标系中的最优点。一般说来，在其他条件既定的前提下，房价升涨会引起出租率下降。当升涨在合理度之内时，出租率下降的幅度是低于房价增幅的，由此可以实现 GOP 率、GOPPAR 与 RevPAR 的三升；而当越过这个最优点后，出租率下滑的幅度会大于房价的升幅，这时候 GOP 率虽有可能上升，但 RevPAR 是下降的，GOPPAR 可能不变，也有可能下降。2004 年 F1 大赛期间，上海个别酒店就出现了这种状况。第三，在某些特定情况下，反向操作反而可以产生好的效果。特别是当房价高，出租率明显偏低的时候，通过适当调低价格来拉升出租率可以实现 GOPPAR 与 RevPAR 的较大上升。2005 年春节、"五一""十一"三个黄金周期间，浦东香格里拉等一

些酒店便如是操作,从而填补了淡季空缺,拉升了全年的 RevPAR 和 GOPPAR。第四,从长远看,升涨终将受制于大市场,尤其是国际市场的承受度。上海酒店房价在国内已是最高,之所以还在上升,是由于国际市场尚存空间;一旦国际差距消失,房价也就接近极限。

总之,在经营与收入管理中,经营者既要以 RevPAR、GOP 率、GOPPAR 联动增长为导向,又要审时度势,适时调整策略,才能实现事实上的效益最大化。

此处涉及的三个主要术语:

RevPAR,指平均每间可售客房产生的收入;其计算方式是酒店客房的全年营收总额除以全年可供出售的客房总间数,或者用更简化的方式,就是用平均房价乘以平均出租率。

GOP 率,指经营毛利润率,其计算方法是用经营毛利润除以营业收入。

GOPPAR,指平均每间可售客房的经营利润,其计算方式是用 GOP(经营毛利)除以可售客房数。由于可售客房数是相对不变的,因此 GOP 的每个变化都导致 GOPPAR 的相应变动。反过来,GOPPAR 的变化也代表了 GOP 的变化。本文中为了与 RevPAR 的概念相对应,我们主要使用 GOPPAR 的概念来表明 GOP 的变化。

《中国旅游报》2007-09-05

创新酒店行业服务费机制、
提高一线员工待遇
——关于疏解酒店行业人力瓶颈的探讨

2012 年 6 月

目前酒店业一线员工收入待遇低是众所周知的事实。有业内人士把当前一线员工待遇境况比作 20 年前的纺织工人。有关统计也显示上海各行业员工收入中酒店业排在倒数第二。一线员工待遇低导致招工难、流失率大已成为酒店运营和行业发展的重大瓶颈。作为对策，不少酒店采取增发工资奖金的措施，有的也确实起到了在一定期间内凝聚本店人心、挽留熟练人工、减缓流失的作用。但问题是酒店由此所增加的人工成本却难以通过提高客房（或餐饮）的销售价格来收回，而在多数情况下靠已有营收消化，也有通过减人（减少用工人数）来解决。这两种消化成本的途径，前者是以减少 GOP（即营收利润）为代价，后者则增加了用工的劳动强度、影响了服务质量，因而都不能持久。更何况这样做没有从根本上解决行业中一线员工整体待遇低的问题。要解决行业整体问题，关键是要形成一个员工收入增量补充资金持续产生的来源和分配的机制。为此，创新服务费收取和分配使用机制或许是解决问题的较好途径。

　　服务费顾名思义是对服务行业员工提供服务的一种报酬形式。国际上设置酒店服务费的国家大都用其作为对工资偏低员工的收入补充。我国自 20 世纪 80 年代起许多酒店（尤其是高星级酒店和国际品牌酒店）都以服务费的名义在销售房价（或餐饮价）的基础上加收 10%~15% 的费用。这一加价做法目前已被业内外认知和接受（尽管酒店基于各自的营销策略不一定每笔销售都能实现这笔加价收入）。然而在对这笔加价收入的使用和财务做账上目前各酒店不尽一致，但都没有按服务费的本意（即员工的劳务报酬）来处理，而是在交纳了营业税后将其归入酒店方的收入：有的直接归并到营收项，作为营收的一部分（如万豪、雅高、喜达屋等众多国际集团在中国的酒店及大部分本地酒店如是操作）；也有的用于抵冲当年工资预算，再将预算中由此省出的部分作为成本节约归入利润（如洲际集团中国区的酒店都采用这种方法）；还有的酒店将其中的大部归入营收，小部分作为奖金列入预算（如半岛酒店）。后两类做法实际也是变相地作为营收处理。

　　因此，要创新服务费收取和使用分配机制，当务之急是要为服务费正名。应当明确：服务费的性质是员工的劳动报酬而不是酒店的营业收入，其收入主体是员工而不是酒店；酒店方在服务费收入和分配过程中的角色是代收代支，即代本酒店员工向客人收取服务费并帮助员工进行分配；酒店为此可从服务费中扣除一些管理费用（簿记费用），但这不改变服务费作为员工收入的本质；服务费应当交纳的税种是员工的个人所得税而不是酒店的营业税。我国酒店业目前在"服务费"名下的加价收入从其分配过程和使用实质来看并不是真正的服务费而是酒店的营业收入。从目前酒店行业一线员工收入低于社会平均水平以及它与维持行业正常运行的必要劳动成本值之间存在差距的状况看，有必要建立起一个真正的服务费运行机制，发挥服务费作为低工资员工收入补充的作用。建立这个机制的具体做法可以是：在国家层面统一规定，酒店行业可以在目前实际实现的销售价格（包括在"服务费"名下收取但实际作为酒店营收的那部分在内）即营业收入的基础上加收若干百分点的额外收入作为代收代支的服务费。酒店出具给顾客据以报销的发票上应当分别列明营业收入（即客房或餐饮的销售价格）和代收代支服务费的具体数额。营业收入部分应按规定缴纳营业税并进入酒店的营收体系进行分配；代收代支服务费部分则不加营业税，也不进酒店营收体系和营收循环，而是"体外循环"，即在营收体系的循环之外直接分配给本店低工资员工作为收入的增量补充（不可用于抵冲工资预算）；代收代支服务费的税纳由分配所及的员工根据个人所得税的政策交纳所得税。

如此建立新的服务费收取分配体制有望整体提高酒店行业一线员工收入并形成持续的良性机制。理由是：

一、它可以较大幅度地解决员工收入增量资金的来源

目前酒店行业的人员成本（包括酒店中高层管理人员和一线员工的收入在内）大都占营收的百分之二十几到百分之三十几。如果剔除中高层，一线员工收入在营收中所占比例会更小。而服务费如按营收 10%~15% 收取，将其用于一线员工的工资补充后，即使去掉一些诸如簿记之类的管理费用，员工待遇的增长幅度至少可达 50%，甚至可能翻倍。这就有可能接近、达到甚至超过中等待遇行业的水平。从而大大提高酒店行业一线岗位相对于其他行业的竞争力。

二、服务费作为员工收入补充可纳入行业的必要劳动成本

目前酒店一线员工收入不仅在工资货币数量上偏低，更由于其工作时间复杂和传统观念干扰产生的额外精神耗损所转化的劳动强度增大，距离维持酒店行业正常运营健康发展所需的人工费用水准（即酒店业社会必要劳动成本）的要求存在明显的落后差距。（酒店业一线人手紧缺，熟练人工外流，致使服务水平和质量降低便是证明）。鉴于服务费是对劳动服务的一种报酬，将其用在对低工资员工的收入补充，填补他们目前实际收入与维持行业运营发展所必需的社会必要劳动值之间的差距是既名正言顺又合情合理的。根据我国国情，由国家层面出统一规定，辅以一定的解释宣传，那么服务费作为一线员工低收入补充，成为酒店业必要劳动成本的组成部分，是可以被公众接受的。此外，当公众都认同服务费是员工收入一部分的时候，也就不太会出现顾客要求减免服务费的情况，即使出现了酒店也可理所当然地予以回拒。

三、可规避员工收入增加与酒店利润减损的矛盾

根据商品价值由社会必要劳动而非个别企业劳动成本决定的原理，少数酒店增加工资属于个别劳动成本的增加，只能从现有价格形成的营收中消化而难以通过抬高销售价格来补偿，因而与经营利润是对冲的。而服务费作为低收入补充成为行业必要劳动成本的组成部分是可以在现有价格上额外加收的，如同黄金成本上升之后各金店的金制品相应涨价而不会被大众质疑一样。因此在其他条件（如供求关系比率）不变的情况下酒店的利润是不受影响的。这就有

利于获得酒店业主和管理方的支持，形成持久、良性的循环机制。

四、有利于形成新的激励因素，又不减税政部门对收入补充的监控

在西方国家，服务费与小费同是对服务业员工所提供服务的报酬，也都被用来作为低工资员工的收入补充，但两者的使用范围是互补而不重合的，即在顾客习惯给小费的岗位（或部门）不设置服务费（如美、加酒店的客房清扫和零点餐厅结账时不加服务费），而在收不到小费的岗位或部门则加收服务费（如英国酒店的大部分部门和美、加酒店的宴会服务）。服务费和小费的收入主体都被认定是员工而不是酒店（尽管服务费由酒店出面收取并有账可寻，但税务部门认定酒店只是"代员工收"和"过账"，收入和交税主体仍然是员工）。在我国，舆论对小费的非议颇多，大都将其列入灰色收入，而服务费也因与小费有上述共同点经常被混为一谈。其实两者是有区别的：第一，激励机制有所不同。虽然都可激励员工提高服务质量，但小费主要是激励员工个人考虑如何取悦直面服务的顾客而得到较多奖赏。服务费则更多的是激励员工群体关心如何提高酒店营收。第二，分配路径有所不同。小费由顾客直接交给员工个人或特定范围（如某个餐厅）内的员工群体，不经酒店走账（这也是为什么小费被我国许多人看作是灰色收入的一个原因）。服务费则由酒店出面收取并记录在案，分配也是由酒店代为操作，政府和税务部门是监控可查的。因此在我国国情下两者相比服务费可能较容易被各方接受。

五、服务费适用个人所得税后将会增加国家总体税收量，同时也可确保其支付员工报酬的本旨

服务费作为一线员工的补充报酬不具有营收的性质，店方经手服务费只是代收代支（即代员工收支），因此对服务费所征的税种应当是员工所得税而不是营业税。有人质疑这会减少国家税收量。其实不然。因为如前所述，服务费是在现有价格基础上额外加收来实现。因此现有价格所产生的营业税量实际上一分未少，而额外加收的服务费又多贡献出一块个人所得税。此外，服务费适用个人所得税有利于它被正确地使用在员工身上。因为酒店如果再把服务费克扣下来作为自己的营收，那么就必须承担逃税的责任（因为服务费是未交营业税的）。

综上所述，通过创新服务费收取使用机制来整体提高酒店行业员工收入待遇应该是疏解前述酒店运营发展瓶颈的可行途经。然而，由于涉及多方利益，并诉求某些政策调整，这个方案的实施会是一个非常复杂的过程，需要一些观念的转变和大量的协调工作。希望业内能就此进行讨论，以期对此去粗取精，优化完善，形成共识，渐行渐树。

景气不足环境下优化收益应当
注意的三个问题

2013 年 2 月

在优化收益的努力方面，要注意更新三个理念，解决三个问题：

一是优化收益的做法不限于在景气市场环境下可操作，也可适用于当前景气不足或不景气的市场环境；二是优化收益管理的实施不仅要有责任岗位，更要注重形成功能协调机制；三是优化收益的操作视野不仅要落在收入最大化，还应关注经营利润最大化。

一、收益管理的做法不仅适用景气市场环境，也可适用于景气不足或不景气环境

有一种观点，认为收益管理在需求爬升销售旺盛的情况下才能实施，在景气不足条件下则难以奏效。持此观点者在强调客房销售的同时，往往忽视优化收益的努力，有的干脆撤销了收益管理的岗位，将人员并入销售队伍。

在需求旺盛的时候尽力提高房价、需求不足的时候尽力提高出租率是收益管理的一条原则。但这并不意味在努力提高出租率的过程中可以放弃优化收益的努力。事实上，在景气不足的大环境下仍然可以优化收益：

首先，在尽力拉升出租率的过程中，仍然存在着优化收益的各种机会。拉升出租率一般是通过向下调整房价来实施。而在下调房价的过程中，价格折扣幅度与出租率拉升幅度成非线性的反向运动，即两者变动的幅度可以是不成比例的。在某些情况下小幅价格折扣可以拉升出较大幅度的出租率，而在另一些情况下价格折扣幅度再大也只能使出租率小幅上升甚至不上升（边际效益递减规律）。因此要避免盲目杀价血拼。销售者如能审时度势操作，就可能在产出同等出租率的前提下减少价格折扣的幅度。或者说以较小的价格折扣产出较多的出租率。

其次，收益管理可以延伸到客房以外领域，或对酒店产品进行综合优化收益。鉴于当前不景气情况下业内出现房餐结构倒挂趋势，收益管理可以顺势而为：一是将收益管理运用于餐饮、会议等部门（如××宾馆对餐饮进行上座率和平均消费水平的管理），二是对酒店产品进行综合优化组合（如××××酒店周一至周五重点做会议综合产品带动客房，周末做散客家庭度假产品带动餐饮和客房。总体营收结构中会务收入为重头，会务收入中餐饮又占重头。2012年虽然平均房价有下降，但年总营收达1.37亿元，高于世博年〔2010年〕的1.32亿元）。

最后，总体景气不足，不排除某个区域某个时段的需求回升。要适时采取合适的收益管理策略。

××宾馆仅155间客房，又处商业中心周边区域，商务客和会议需求较多。酒店从一周客房总间夜数的角度测算各种规模的会议团队对客房率的影响和贡献，认为使用80~100间客房的会议对一周客房总间夜数的出租率贡献反不如使用30~50间客房的会议，从而做出相应的预订管理策略，即宁接需用30~50间客房的会议而不接 80~100 间客房的会议。该宾馆 2012 年的平均出租率为 72%，比 2011 年增加 10 个百分点；平均房价 528 元，比 2011 年的 480 元增长 10%。

二、收益管理的实施不仅要有责任岗位，更要注意功能协调

目前酒店收益管理的体制不尽一致。国际品牌酒店大都设收益经理（或总监）一职，直接对总经理负责。本土酒店有设收益经理（或总监）的，也有不设专职，把功能归给计财或销售经理的。不论何种体制机制，要真正起到优化收益的作用都必须通达信息、有全局视野和沟通协调功能。目前较多看到的是，收益经理与销售经理之间缺乏沟通。销售人员偏重促销，往往只考虑把客房卖出去，而收益人员偏重价格的稳定，守住底线不放；销售人员由于贴近一线，对市场变化比较敏感，而收益经理往往侧重于数字计算，对鲜活市场的了解滞后一拍。因此在实际操作中经常会出现不协调的情况。（如上海 ××× 酒店有 700 多间客房，销售压力很大。销售部门曾通过各种渠道，几次锁定会议客户，制定预接会议团队的方案，以图把出租率做上去，但都被收益经理否决）要解决这一矛盾，应注意形成或完善两个机制：一是收益管理与销售管理之间的信息沟通机制。二是两个功能之间的协调机制。后一机制，即功能协调机制，可不局限于某种固态化的模式，而应根据酒店实际确定，有效率有效果就好。如 155 间客房的中小酒店 ×× 宾馆一直比较重视收益优化管理，但却不设收益管理经理的职位，而是明确收益分析的职能由计调总监承担，收益管理的协调功能由总经理直接实施。几年来效果也很好。

三、收益管理的操作视野不仅要落在经营收入的最大化，如有可能还应关注经营利润的最大化

收益管理的操作实际上是通过客房销售控制和使用价格工具来促成出租率与房价的最优组合，这种最优组合一般理解是能使平均每间可销售客房收入（即 RevPAR）最大化的组合。但实际上与 RevPAR 最大化相比还有一种更优的组合，即能使平均每间可销售客房经营利润（即 GOPPAR）最大化的组合。关于 GOPPAR 和 RevPAR 之间的区别以及如何达到 GOPPAR 的最大化，本人曾在以前的文章（《"三指标"联动，实现酒店效益最优化》）中有过专门说明，此处不再赘述。这里只是强调，收益管理操作在有条件有可能的情况下还可把经营利润最大化作为目标。当然这样操作会复杂得多，对操作人员的要求也会更高。

充分发挥旅行社团队在大型
展博活动中的作用
——以上海世博会为例

2013 年 11 月

    2010 年上海世博会是我国大型活动与旅游业界紧密结合的一次成功实践。在组委会和国家旅游局指导下，旅行社作为旅游团队的运营主体纳入了世博筹运的机构和体制；主办方着力为其构建批零体系、营造有利于观博旅游团队运行的环境和条件；旅行社积极性和活力充分发挥，旅游团队载运入园观博的游客达 2000 多万人次，超过国内外任何一次大型活动。世博期间，笔者有幸担任世博局票务中心副主任，全程参与世博与旅游结合的相关工作，见证了旅行社团队在大型展博活动中的作用及世博主办方的筹运谋略与理念。

    党的十八届三中全会强调市场配置资源、企业主体地位、发挥社会组织作用、激发市场主体发展新活力。为此，笔者回顾了当初参与筹运世博的经历写下此文，想既作为自身学习理解三中全会精神的实证体会，也能够提供给相关各方作为借鉴和参考。

一、旅行社团队在上海世博会中的作用

旅行社团队在上海世博会中的作用主要体现在三个方面：一是招徕游客有序观展的中坚渠道，二是园区流量趋势的预测风标，三是均衡园区客流的权重工具。

（一）招徕游客有序观展的中坚渠道

上海世博会有完成7000万观博人次的要求。这样一个目标仅靠上海本地及周边区域的访客资源是远远不足的，需从中、远程地区乃至境外、海外来拓展市场、补充客源。旅行社及其团队因其业务性质和特点决定，具有其他机构渠道不备的以观博为中心、将相关的交通运送、沿途食宿与地接服务等内容包装成方便游客的服务产品在海内外批量销售，并在团队架构下将招徕到的游客组织起来实施一揽子服务，最终有序输送入园和引导园内观览的能力。因而旅行社是方便有序组织海内外游客观展的中坚渠道。

根据团队票务系统记载，上海世博会期间以团队票机制进入园区观展的旅行社团队共683860个，2050万人次，占到观博总人次28%；此外还有一大批未进团队票系统而使用个人票进园的旅行社团队，主要是：①在参观日前三天内组成而无法使用团队票系统预约的团队；②因受参观日团队入园额度限制而预约不成功的团队；③替当地世博办消化早期预购票（个人票）而未进团队票系统的团队；④执行世博局均衡客流任务吸引持有个人票散客入园的团队；⑤海外代理旅行社因管理条线原因使用个人票入园的团队；⑥由于市场原因采购个人票入园的团队。据不完全统计，上述6种使用个人票入园的旅行社团队有近20万个，约500万人次，占到观博总量的7%。

综上可见，旅行社团队在组织和输送各类人员，尤其是中、远程省区和境外游客有序观展中发挥了主渠道作用。

（二）园区流量趋势的预测风标

世博会期间，园区安全顺利运行的关键之一是尽可能准确预测和把握每日访客的流量和趋势，对可能出现的超常情况（如大客流等）及早做好应对准备。这方面，旅行社团队在实施有效管理前提下可以起到预测流量趋势风向仪和指示器作用。世博会票务主办方（以下简称主办方）的具体做法是：①将团队与进园有关的所有操作（包括预约、变更、确认）纳入团队票管理系统；规定团队必须提前预约并在72小时之前确认，以此确保能在三天前预报团队大致流量及来源地，并可预测中远期的团量分布与趋势。②用"超期预订"（简称 overbooking）措施填补"应到而未到"（简称 no-show）缺口来提高预报的准确度。开园后团队运行实践中出现了两个现象：一是每天实际进园人数少于三天前的预报人数（差额在1万~2万人次之间），影响了预报的准确性。原因是票务规则允许在入园现场办理核票手续时团队人数下调10%，以及一些受复杂因素影响延误行程的旅行社团队整团 No-show（应到而未到）。二是许多72小时内的新增团队被团队票系统拒约而转向购买个人票入园。主办方摸到规律后采取用人工操作一定量"超期预订"的办法，允许有条件的新增团队进团队票系统入园，用额外新增的团队人数抵充 no-show 的短缺人数，以修补原预报的准确度。③把握团队占比（团散比例）。这是预测总流量的一个关键。团队占比虽处动态变化，但有规律可循，即在展博运行的不同时期中是呈相对稳定的：上海世博会的团队占比前期在40%左右，原因是团队系由了解官方意图的指定旅行社（以下简称指定社）组织，开园前已经过了几个月筹划准备，因而开园后进入角色快，入园势头大，日流量持续超过平均值而触抵主办方设定的每日上限（主办方为此多次上调过每日团队票入园限额）；中期在 30% 上下，原因是 7 月份后散客势头相对上来，尤其是政府以个人票形式普惠市民的大礼包发挥作用，因而团队票入园比重相对下降；后期不超过 15%，原因是为回笼大批已售在外的不可控个人票而采取调控措施，收紧了每日团队票的入园限额，超出限额的旅行社团队不得不使用个人票入园，从而使团队占比进一步降低。掌握了团队占比（团散比例）规律后，用预报团队数除以当期团队占比数，便可大致预测出园区客流总量。

（三）均衡园区客流的权重工具

世博会持续 6 个月，访客流量必然受季节气候、节假规定及其他因素影响起伏波动，甚至有出现极端的"冷园"或"爆园"的可能。主办方为此需事先筹谋，制订应急预案，采取"削峰"或"填谷"等措施，确保园区运行安全和最终完成入园总人数的目标。在这一过程中，旅行社团队可以发挥重要作用，是主办方均衡客流不可忽视的工具。因为：①旅行社团队受行程安排和入园预订的制约，随意变更的概率相对于个人散客小得多，因而在临时因素（如恶劣天气）引发的客流波动中能以自身稳定不变起到缓减波幅的作用。团队占比越多，减幅维稳的权重就越大。②受团队票管理系统中每日入园限额的制约，旅行社团队的日进园数量是可控的。主办者可在预期大客流的日子将额度调低，在预计低谷的日子将额度放开并辅以某些激励措施，便分别能起削峰和填谷的作用。团散结构中团队占比越大，其削峰填谷的权重作用就越明显。③在特殊紧急情况下可使用旅行社团队的形式消化已售在外的不可控个人票，化解潜在的"爆园"危机。如 2010 年 8 月份，上海旅游集散中心一日游旅行社根据主办方安排一度停止了自身的团队票组团业务，承担起吸引持个人票的"散客拼团"的任务，为回笼大批不可控个人票做出了贡献。

二、主办方筹运与操作旅行社团队的谋略

（一）顶层设计——构建团队运作机制和体系

旅行社团队作用发挥的前提是要有适合其运作的环境、机制和体制。为此，主办方在开园前一年多便报请世博执委会做出顶层的设计安排。主要是：

1. 专设团队票大类并配套倾斜政策与措施。确定团队运作以门票为载体，在基础大类层面设置供旅行社使用的团队票，与主要是散客使用的个人票并列为上海世博会的两大门票。团队票宗旨是"鼓励有序参观和均衡客流"。其特点为：①只可用于组团，旅行社为唯一分销代理渠道。②不可裸卖，必须添加服务项目包装成产品销售。③15人（境外团队10人）以上成团，通过系统事先预订。④团队产品的销售价格必须高于散客门票价。⑤入园之前不持实物门票。须从系统中打印团队入园凭证，由导游携带到预约入园口团队核票处审核贴上电子标签后再换取纪念小票入园。配套团队票的倾斜政策与措施包括：①价格优惠。团队票价不对外公布，由指定旅行社与票务中心的合同约定。原则上在个人票价的67%以下。预售期越早签约优惠幅度越大。②使用团队票参观园内项目可提前预约并占较大份额（中国馆的团队预约份额占总量45%）。③团队车辆配专用通行证，可提前在系统中选择预约最近停车场。④使用团队专用入口和通道入园。

2. 配置团队票专用操作系统。其功能除分销、结算，还包括

预约（组团入园预约与园内项目预约）、每日额度调控、入园管理与统计，以及面向指定旅行社的内部信息发布与沟通平台。其操作和管理要点是：①旅行社在系统中开设独立账户并持有密钥（USBKEY）。其购买的团队门票均以"额度"形式存放于账户之中。旅行社可在任何地点通过互联网用密钥进入账户操作。②旅行社可提前选择展期内任何时段实施团队入园预约（72小时内除外），前提是在账户中有足够的团队门票额度和未突破入园日的团队票入园限额。③已预约的团队可在系统中进行人数变更操作，直到最终确认为止。④已预约的团队至迟在距入园日72小时（3天）之前做最终确认（如果旅行社不主动确认，系统将自动为其确认），确认时系统将从旅行社账户中自动扣除已购团队票额度，经确认的团队将无法再做变更（现场入园时下调人数除外）。⑤确认后的团队需在系统中打印出入园凭证和车辆通行证交由导游携带至园区现场供停车和在团队入口处核票使用。⑥团队人数在入园核票时可作最后调整，允许下浮10%。⑦系统对每日持团队票入园总人数实行限额管理，限额可视情调整。

3. 设置团队票运行管理机构与管理团队。世博局票务中心下设团队组，由来自旅游管理部门的票务中心负责人直接分管。团队组的核心管理团队均由来自旅行社及旅游相关企业（航空公司和铁路部门）的业务骨干组成。

（二）二维发动——形成团队客流持续不断的产生机制

发挥旅行社团队大批量和有序组织观展的作用，除了确立团队票运行机制，还需有一个覆盖全国并在展期内持续发挥作用的团队客源来源和输送机制。为此早在筹备期主办方便着力于在全国范围布建"三级批零网络"并在各地助推"三位一体体制"，从广度和深度两个方面开发和完善这一机制。

1. 布建全国范围的三级批零网络。三级是指主办方（世博票务机构）、省区市的指定旅行社和指定旅行社在地县市的分支、合作伙伴或零售组团代理三个层级。由此构成网络体系可将团队客源吸收管道伸延到全国各地乃至边远角落，为偏远地区居民远程观博并享受有序团队的各种优惠提供方便。而在三级网络中各地指定旅行社起着承上启下、把握一方的作用，是组团观展批零体系畅通有效的关节点。因而确定和合理布局指定旅行社是布建网络的关键。

上海世博会布点指定旅行社的工作前后进行了三轮，三轮的重点是不一样的：第一轮是普征。2009 年上半年，主办方向国家旅游局推荐的国内 31 个省区市旅行社发出合同邀约。但效果不甚理想，许多旅行社因为奥运期间的经历而持犹豫观望态度甚至明确回拒。到 6 月 30 日预售一期结束的节点仅 18 个省区市 24 家旅行社同意签约。此即所谓"第一批世博游指定旅行社"。第二轮是消除空白点。2009 年 7 月后主办方改进方式，由票务中心负责人带领工作团队逐个走访 13 个省区市宣讲世博背景和组团观展政策，并协调当地世博办、旅游局共同做工作。至 12 月 31 日，13 个省区市各有一家签约，此即"第二批世博游指定旅行社"。至此世博指定旅行社实现了国内全覆盖。第三轮是补充增长点。世博开园并经历一段运行之后暴露了一些与指定旅行社作用相关的不平衡状况，如有的省组团观展比重低于人口大省的地位，有的省团队来源仅限于省会城市，有的省经济发达和客源密集地区缺少组团的直通渠道等。为此 2010 年 7 月份后又分别在组团观展潜力大的浙北桐乡、海南三亚、豫西洛阳、山西大同、内蒙古包头和吉林省吉林市各新增一家指定旅行社。此即"第三批世博游指定旅行社"，其出现，在世博中后期又推动了一波团队增长势头。

此外，主办方在物选指定旅行社过程中把握两点：一是要求其具有网络收客的能力。尤其是作为省内唯一代理的旅行社必须承担在地市以下布建渠道的责任。这就确保指定旅行社在三级批零网络中发挥关节点的作用。例如，山东旅游公司根据主办方的要求，整合行业的力量，在所有地市和大部分县建立二级和三级代理，有自己分支机构的用分支机构，没有分支机构的请合作伙伴，既没有分支又没有合作伙伴的请当地旅游局推荐，形成了完整的体系。二是在边远贫困或有特殊困难的省区可以采用战略合作联盟的模式。所谓战略合作联盟是指推荐上海有条件的旅行社在双方自愿前提下作为战略合作伙伴帮助支援当地旅行社承担、发挥指定旅行社的义务和作用。例如，新疆物选指定旅行社的工作正值"7·5"事件后的特殊时期，与外界互联网联系被关闭，多数旅行社认为世博的团队票运行机制在当地环境下无法操作，对"世博游指定旅行社"有心而不敢担当。新疆生产建设兵团的大自然康辉国际旅行社勇于承担这一角色，但又为网络不通造成的技术问题困扰。主办方为此推荐一家擅长网络销售业务的旅行社作为战略合作伙伴在上海代其进行特殊时期团队预订操作并帮助消化部分销售指标，从而坚定了大自然康辉作为指定旅行社的信心。整个展博期这对战略合作伙伴共完成 68 万团队票入园人次，使新疆指定旅行社的业绩在全国各省区中继"长三角"上海、浙江、江苏后排序第四。世博期间除新疆外还有贵州、湖南两个省的指定旅行社采取了这种模式。

2. 助推各地形成"三位一体"有序观展的组团机制。"三位"是指各省区市的世博办、旅游局和指定旅行社。三者有各自的角色和作用。世博办是党委政府联络世博事务和负责本地筹备布展的办事机构；旅游局作为地方旅游管理部门有贯彻国家旅游局世博旅游主题年方针，宣传推动本地世博旅游的责任；指定旅行社则是受主办方委托、以团队门票为载体招揽和组织团队观展业务的企业。三者虽不在一个等级，介入世博的条线也不同，但完全可以在有序组团观展上整合成深度有力的动员和组织机制：世博办可以向省内各地市各部门发文件给政策，旅游局支持帮助指定旅行社布网络建渠道并在组团业务上给予帮助指导，指定社则承担组团观展的具体操作和世博办、旅游局交办的具体事务。为此，主办方在各地布建网络的同时，把沟通当地三者形成合力作为重中之重，做了大量细致的协调工作。此外，主办方还建议各地在完成布局后举办世博旅游启动仪式（或世博旅游推介大会）来扩大影响、宣示本地世博旅游组团观展工作的开始。世博旅游启动仪式一般由三方合力举办，因而也是三位一体机制形成并开始运作的标志。世博筹办期共有河北、山东、江西、辽宁、四川、贵州、西藏、新疆、广东、湖南、青海、湖北、安徽、黑龙江、重庆、陕西、天津17个省区市，开园后又有海南三亚、河南洛阳、内蒙古包头、山西大同、吉林市5个市举办了世博旅游启动仪式。

（三）立体保障——提供以入园为导向的全方位服务

为确保千万级人次的团队入园，主办方除在世博体制内建立团队运行机制和持续动员组织机制，还通过组委会执委会平台协调各方，疏解团队流程从客源招揽到输送入园各环节的瓶颈，提供全方位保障服务。包括：

1. 设计提供吸引游客报团的产品。鉴于国内相当多居民到过并熟悉上海，因而如果世博团队产品除园区观展外与以往华东线旅行团相似，就可能降低产品性价比和吸引力，影响观博客报团意愿，成为组团观展的隐性负面因素。因此主办方一方面要求各地指定社注意开发区别以往旅游团的新颖线路，另一方面发挥世博局在上海接地气的优势，整合体制内外各种资源，设计梳理出适用不同对象的主题线路素材供指定社组合产品。例如，"世博汽车文化游"线路，内容除园区观展外包括园外参观大众汽车公司生产流水线、F1国际赛车场、汽车博物馆、汽车公园、机动车测试中心、安亭老镇一条街及模拟驾车体验活动，并协调上述景点提供较一般团队优惠价还要低10个百分点的世博团队专用门票价，推荐国际汽车城旅游公司配合地接服务。这一线路被指定社包装成产品后在全国汽车产业及其上下链观博市场受到极大欢迎。类似的主题素材或产品还有世博动态欢乐游、世博亲子文化游等。为便于指定社熟悉这些新线路产品并衔接操作，还专程安排了培训踩线。

2. 疏解团队远距离运送的瓶颈。上海与长三角区域外中远程省区的主流交通靠火车、飞机，而一些地方通上海的航班、车次有限，不能满足世博期客流需求，可能成为运送团队的瓶颈。为此，主办方自2009年7月起便把团队远距离运送作为重点问题关注，根据各地预购团队票额度的情况，分别从两个方面着手：一是报请组委会层面协调铁路航空部门增发固定的航班车次，扩容展会期的运送能力；二是发挥三位一体机制，请当地世博办从政府层面就地协调解决指定社的专列或包机。如此双管齐下，基本解决了团队的跨省交通问题。世博期间，中远程省区的指定社在当地世博办、旅游局协调下，都通过专列和包机解决了正常班次满足不了的团队运送需求。如新疆乌鲁木齐一地就发了10次世博团队专列，其中大自然康辉国际旅行社一家就单独发了5次；山东旅游公司根据主办方建议利用铁路交通设计团队产品，在通过省世博办协调济南铁路局落实用车计划后，从 T2551 次列车上包下二硬一软三节卧铺车厢，做成名为"银座世博快车"的观博产品：团队晚 7 点从济南上车后在卧铺过夜，次日晨 6 点抵达上海，用完早餐后前往世博园区，抵达时正值开园时间。该产品将团队的远距离运送与过夜住宿合为一体，下车与用餐、入园的时间巧妙衔接，节省了住宿费用，提高了时间效率，深受欢迎。世博期间，仅"银座世博快车"产品就发车 150 次，组织观博 2 万多人次。

3. 解决地接大巴短缺的矛盾。要在 184 天内完成 2000 万人次的团队观博，意味着上海日均要有 3000 辆旅游大巴从事地接，而这一需求远远超出了上海本地的实际供给量。地接大巴的供需存在巨大缺口。因而离世博开园还有一年，各旅游大巴汽车公司对展会期团队大巴的预报价已经从 1000 元 / 每日飙升到 2000~2500 元 / 每日。地接用车成本翻倍使外省市旅行社叫苦不迭，成为组团观展的一大障碍。为此主办方协调交通管理部门推出允许外省旅游团队大巴在展会期间驻留上海从事地接运营的政策。各地指定社可将世博期间计划停留在上海的车辆预报当地交通部门并领到运营许可证。这项政策使各地指定社在上海的团队可以使用自己的车辆，无团队时还可将车调剂给其他社使用，这就最大限度控制和降低了团队的用车成本；同时由于增加了大巴的供应量也起到平抑市场上大巴租用价格的作用。这一政策出台后，许多指定社把自己的整个车队及调度中心搬到上海。河北康辉旅行社甚至订购了 40 部大巴，组成新的车队，从产地直接发到上海。

4. 搭建团队住宿资源采购平台。开园前一年，上海酒店基于北京奥运期住宿业景气低于预期的教训，感到世博的市场也难以把握，因而等待观望居多，对旅行社的世博询价要么委婉回拒，要么开出天价。地接住宿资源的不确定性成为指定社制作产品和组团的一大障碍。为解决这一瓶颈，主办方于 2009 年三季度推出"世博团队推荐酒店"的概念，并在团队票运营系统中搭建住宿资源采购平台，让他们进入平台与指定社进行点对点的对接。"世博团队推荐酒店"被要求要有世博团队客房的明确报价及可确保提供的资源量；报价高低由酒店自主确定，但应优于一般旅游团队，且进入对接平台后不能再改变。作为交换，他们可以获取各地指定社的联络及团队票资源配置的信息以利实施主动营销。为了充实世博团队推荐酒店的队伍及其提供的住宿资源，主办方协调上海各区县旅游局先后在 12 个区召开酒店旅馆座谈会，介绍世博筹办进程、组团观展的鼓励政策和团队客源的前景，以数据为基础分析世博期观博客源的总体结构和各类酒店供需状况，预测出租率和房价的可能走势，从而既消除了他们担心重蹈奥运酒店踏空的顾虑，又打消了他们对市场不切实际的盲目奢望。到 2009 年年底，进入对接平台数据库的"世博团队推荐酒店"达 160 多家，提供了近 500 万间 / 夜的团队客房资源。各地指定社通过平台以优惠价格事先采购储备了世博期团队用房。有的甚至包购下展期 184 天整个酒店的客房（如山东旅游公司包下了新梅华东大酒店等）。这些资源在展期不仅保障了本社的地接住宿需求，而且在自身团量不足时，多余空房还可通过对外转让获得可观收入，从而大大降低了团队总体住宿成本。

三、主办方贯彻始终的理念

（一）入园导向理念

所谓入园导向理念是指团队票务工作不能只顾门票（额度）销售，更要关注已售门票（额度）的实际入园情况；通过最大限度促进已售门票（额度）的实际入园来推动团队票务销售规模的不断扩大。

坚持入园导向是由团队票务的性质和运行模式所决定的。团队票与个人票不同。从门票运行的循环过程看，个人票的销售与使用环节是分离的。作为分销主体的代理商只管销售环节，卖出门票收回资金便完成了任务。至于门票流向何方由谁使用，使用者如何抵达、是否入园、怎样入园都与其无关，因而使用环节是失控的。而团队票则不同，由于规定必须包装成产品，其销售和使用是一体的，作为分销主体的旅行社向观博产品的消费者售出产品收回资金只是门票运转的第一阶段，这个门票产品的被消费还必须通过旅行社的组织才能完成。旅行社还须通过一系列服务将团队送入园区完成参观门票的分销运转才能最终画上句号。因此主办方对团队票务工作的指导管理不能局限于销售环节，而是更应关注消费环节，即旅行社组织团队入园的情况，把落脚点放在指导帮助旅行社按照主办方的要求分销组团，并最终组织游客实现入园参观。通过促进消费来扩大销售。

坚持入园导向有助于增加主办方的亲和力，和谐团队票务各相对方的关系，避免潜在矛盾，调动积极性，实现多方共赢的目标。入园为导向势必要求主办方尽力帮助旅行社协调各方关系，解决实际困难，疏通各环节的瓶颈，扫除最终入园的障碍；这就使作为团队票务相对方的旅行社体会到主办者的心胸气度，感觉到主办方不是只顾自己推销门票赚钱，而是真心帮助他们解决问题，消化门票，实现共赢，从而消除了顾虑，增强了信心，放开了做大团队的手脚。上海世博会期间，仅预售阶段，各地指定社就包销了团队票（额度）924万张，是原定预售期计划90万张的10倍。此外，由于坚持入园为导向，不仅这些开园前的预售票，开园后追购的 1000 多万张团队票也都最终得以被消化，从而避免了有些大型活动结束后所出现的因已购票未用完要求退票等后遗症。

（二）系统工程理念

坚持系统工程理念是基于观博团队产品（尤其是中远程距离输送的团队产品）系由食宿行游等多项要素组合而成的考虑。在被组合诸要素中，游（即进园区观展）无疑是核心，但食宿行是实现游所不可或缺的环节和必备条件。因而主办方在筹运团队票务的过程中须始终保持一个运行系统工程的思维，即在确立和坚持入园观展为导向的同时，密切关注与之关联的其他环节（如跨省交通、地接车辆、住宿用餐服务等）的运行环境和实施条件，协调解决可能出现的矛盾困难和瓶颈障碍。

（三）动态调整理念

这是由于将旅行社纳入筹运机构体制、依托团队实施有序参观和调控在我国大型活动中尚属首次，需摸着石头过河；筹运中会有预计不到或无法预计的情况发生，规则可能需要适时补充或修正。为此需保持动态调整与创新的思维，切忌固守陈规不变。

上海世博会期间，团队票务板块对既有政策、规则、做法等的补充调整修正不下十来项，其中影响较大的有：

1. 筹备期预售票款支付政策的调整。团队票预售方案规定预售分一、二、三期，旅行社购票越早票价折扣越大；票款的支付分两步：签约后 10 天支付票款 80%，余 20% 在 2010 年 3 月 31 日前付清（简称"八二开"）。不同预售期优惠折扣的规定旨在鼓励旅行社在筹备阶段早介入，多购票，以便早做计划多组团；但付款规定则与此相悖起了负面作用，因为客观上造成了购票越早越多所需垫入的流动资金就越久越大，而且开园前 1 个月需全额付清，对靠流动资金维持运作的轻资产型企业旅行社来说，意味着其他业务将难以开展。因此响应者寥寥无几。为此主办方将付款规则调整为：签约 10 日支付总额 20%，余 80% 延至 2010 年 4 月 30 日付清（简称"二八开"）。这不但使旅行社的资金积压在包销同等票量下缩小了 4 倍，而且在开园前一天部分票款已经可以周转回来，与运行期直接衔接了。调整之后，瓶颈被打开，订单蜂拥而入。2009 年 6 月 30 日预售一期最后一天，团队票包销数达 210 万张，是原计划 40 万张的 5.25 倍。2010 年 4 月 30 日预售三期结束时，团队票销售 924 万张，为原计划 90 万张的 10 倍。

2. 运营期中国馆团队预约模式的调整。中国馆是世博会最热门的参观资源。尽管倾斜政策规定了给团队的额度要占到总额的 40% 以上，但也只能满足每日十几万入园团队人次中约 1/10 的需求。虽然指定社可提前在系统中为自己的团队实行预约，但系统设定的程序是"先到先得"，即有限的额度不定时地释放出来，谁先抢到就是谁的。这一模式造成的结果是团队系统中竞抢秒杀。许多旅行社专门添置了电脑（两台到十几台不等），派人 24 小时值守。即便如此也不保证抢到指标；更糟糕的是由于资源释放瞬间百多台电脑同时上线，造成系统屡次瘫痪。为此主办方调整方案，改"先到先得"为根据组团业绩分配指标、每月调整一次。即在每月 20 日统计过去一月内各指定社的组团量及其在团队组团总量中的比重，乘以地理系数（为中西部和远程省区旅行社所设的倾斜系数）得出每个指定社的可得份额，再乘分配给团队板块的中国馆每日预约资源数，得出次月各指定社的每日预约额度。新模式使旅行社事先预知次月本社中国馆每日预约额度，有利于早作计划发挥其最大效用，相对于旧者体现了公平合理和激励机制，受到所有旅行社的欢迎。

3. 对 No-show 预约单的调整使用。世博开园后，经常发生团队受非自身因素（如恶劣气候、航班延误、交通拥塞等）影响而延误行程，不能如期赶到现场入园的情况。特别是 6 月下旬到 7 月份全国多处暴雨洪涝使公路阻断、火车停运，造成每日都有许多团队 No-show。根据团队票系统程序设置，No-show 的团队预约单不能自行撤销，所含未使用的团队票（额度）也不返还。因此，这些 No-show 单及所含团队票（额度）不仅没有对团队入园人数的增加做出贡献，而且随着积压沉淀越多，旅行社可周转的团队量和资金量越少，旅行社潜在损失越大，背负的压力包袱也越重。一些旅行社为避风险求太平，缩手缩脚不敢放手做团，积极性大受影响。为此主办方采取对应措施，在不改动系统原设置的基础上，用增加批准授权手工操作来改变 No-show 单的状态，激活其使用功能。具体来说，当旅行社有 72 小时内临增团队而无法在系统中预约时，可向主办方提出"超期预订"的书面申请，经权限批准后由主办方管理人员在指定入园口从该社账户中提取处于 No-show 状态的以往预约单，将原入园日期改为当天日期，供新增团队办理核票进园手续。从而使积压的 No-show 单成为"超期预订"单发挥作用。这一补充措施既挽回了旅行社的前期损失，卸掉了包袱和压力；又使临增团队能以团队票进园观展，额外增加了当天的团队入园人次，冲低了当天的团队 No-show 总量，起到了一举几得的效果。

酒店业的特色经营之路

2015 年 3 月

"酒店业的特色经营之路"这个题目是探讨酒店的特色经营差异发展问题。围绕这个题目有三个方面的内容：一、特色经营差异发展是酒店业发展到现阶段的一个趋势。这是谈特色经营差异发展的必要性和必然性。二、特色经营差异发展的多层演绎和多维结合。这是强调特色经营差异发展没有定势，要因地制宜进行创新。三、成功实施特色经营差异发展的原则。是关于实施特色经营差异发展过程中要注意哪些问题。

一、特色经营差异发展是酒店业发展到现阶段的一个趋势

这是谈特色经营差异发展的必要性和必然性。我们从国内市场形势、国际酒店业发展轨迹和市场领先者（国际品牌酒店集团）近期动向三个角度来阐述这个问题：

（一）酒店市场的严峻形势迫切呼唤特色经营和差异发展

我国酒店业的发展曾历经波折。近期很多地方进入了产能相对过剩阶段。以上海为例，这些年困扰行业的突出问题就是供过于求，酒店市场面临规模逐年扩大的"供余"压力，而且供应结构与消费

需求结构的对应也不合理。"供余"形成和扩大的主要原因：一是持续多年大批增量酒店投入市场使酒店市场的客房供应量猛增，而消费需求量则因国际国内种种原因没有同等比例增加，有些领域（如入境旅游市场）甚至还在减少。二是市场供应主体（即酒店业）中的同质成分居多、同质化比重越来越大；同质化使既定"供余"量的实际压力放大，而且迫使企业走上恶性低价竞争的歧途。

在上述因素作用下，近些年酒店市场经营形势日益严峻，这从出租率和房价的走势上明显反映出来。以上海五星级酒店为例。2006 年前的几年出租率保持在 70% 以上（2003 年因"非典"除外），表明当时高端市场尚处于供应略显紧缺到供求基本平衡的调整过程。2007 年起则开始下降，六年中从 68.23% 降到 60% 以下，表明市场进入供过于求状态，且"供余"的规模逐年增大（这期间虽有 2010 年出租率因世博会而回弹到 68.12% 的例外，但并未改变供求基本面。世博会结束后出租率立马回到下降通道）（见图 1）。

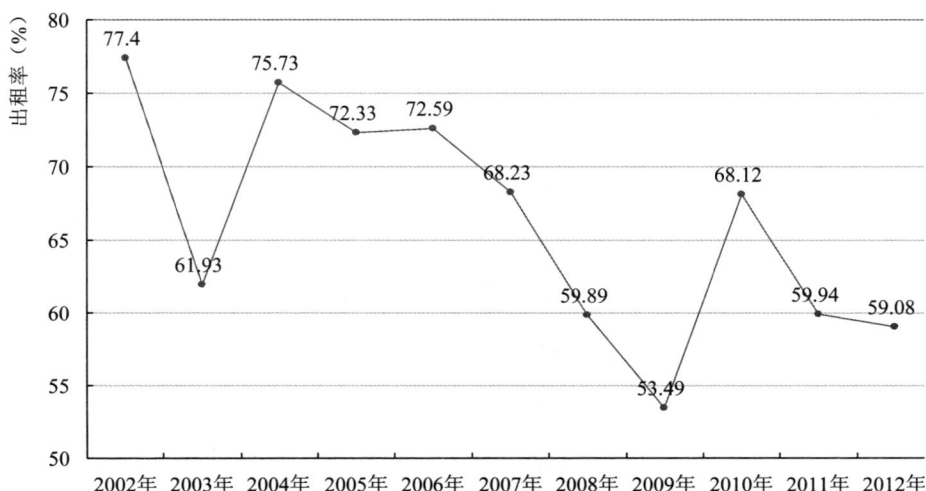

图 1　上海五星级饭店出租率走势（%）

同样，平均房价在 2006 年前的几年一路上升。2007 年开始则与出租率同步而持续下跌（2010 年除外）（见图 2）。

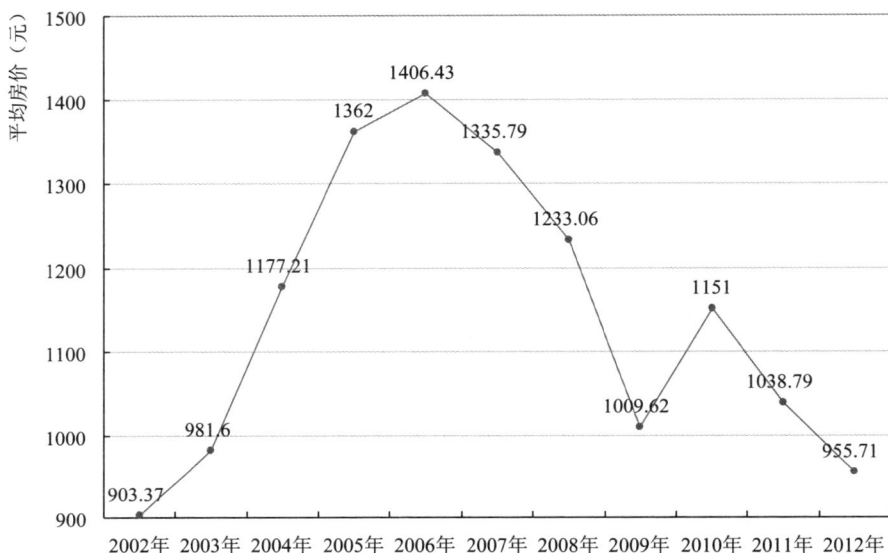

图 2　上海五星级饭店平均房价走势（元）

出租率和房价持续下降导致酒店营收大幅减损，而与此同时酒店运营成本则因人工、能源、材料等费用的上升而不断增加。酒店的盈利空间在两头挤压下越来越小。

2013 年年初八项规定实施后，与酒店消费相关的需求结构向其应有的合理方向急剧转变。这一市场的正向变化同时也给原本已处紧迫经营压力下的酒店带来新的挑战。

面临这一严峻形势该如何应对？宏观层面对供余进行控制固然重要。然而从酒店行业自身来看，大力推进特色经营差异发展是摆脱同质、增进需求、化解供余、扭转经营局面不可或缺的解困之道。这是因为：①特色经营差异发展的本质属性是"去同质化"。因而它的实施有助于摆脱同质化引起的恶性低价竞争模式，转入以服务与品质为核心内容的差异化竞争模式。这对改善市场环境、稳定平均房价有正面支撑作用。②实施特色经营差异发展既可以激活在同质化环境下被忽视的小众需求，也可能引领开发出新领域新市场的大宗需求。因而有创新消费需求、增加市场消费总量、缩小或化解供余的作用，是支撑平均出租率的一个正能量。③含有技术和服务创新的特色经营差异发展，能为企业甚至行业带来一般利润以上的超额利润。政治经济学有一条"平均利润率下降趋势规律"，讲的是一个产业领域的平均利润率会由于竞争的影响、技术的改进和有机构成的提高，逐渐从较高的水平变得越来越低、越来越薄；而这个较长时间的下降趋势不排除企业在一定时期内通过创新技术发展获得和保持高于市场平均利润的超额利润的可能。

这是从国内市场形势来看特色经营差异发展的必要性和迫切性。

（二）国际饭店业发展轨迹显示特色经营个性发展是成熟市场的趋势

国际饭店业最近 100 多年，历经了从单体饭店产生存续为主导，到标准模板规模复制为主导，再到关注个性特色差异需求的三个发展期。三者在时间上存有交错（后者产生于前者的发展存续中），但从总体上和逻辑上看是前后衔续，显示出否定之否定的轨迹。

1. 饭店以不同单体形式产生和存续为主导的发展期

在现代连锁企业形式出现前，酒店大多是以不同的单体形式产生、存续和发展的，那时候的酒店，哪怕是同一业主开发、持有、经营的，相互之间也很少雷同。以在当时颇具影响力的纽约圣瑞吉斯酒店和华尔道夫酒店的产生发展为例：

"圣瑞吉斯"一词源于 16 世纪欧洲教会一位从事接待事务的普通教士瑞吉斯。他因尽心尽职为过往教友提供热心细致周到服务而颇受赞扬，被"加圣"为"圣瑞吉斯"。"圣瑞吉斯"后来又被许多人用于指代热心细致周到服务的精神。1904 年，纽约巨商艾斯特（Aster）家族的约翰·雅各布·艾斯特四世出于上层社交活动和拓展人脉关系的需求在第五大道和 55 街交会处建造了豪华会所，提供一对一英式"仆人服务"（Butler Service，现在称为管家服务）和鲜花服务。会所被冠以"圣瑞吉斯酒店"之名以体现其热心细致招待朋友和客户的宗旨。在开张后头 54 年的运行中，圣瑞吉斯酒店作为艾斯特家族众多物业之一保持其固有的服务特色并在当地饭店业中发挥着影响。1960 年被喜来登收购后仍独善其身，成为不以喜来登标名的喜来登标杆，并随喜来登在全球的发展而扬名。直到 1998 年随喜来登被喜达屋收购，圣瑞吉斯酒店才改变了单一酒店的状况被制成品牌模板予以复制。

华尔道夫酒店最初是同一艾斯特家族的两个表兄弟威廉·华尔道夫·艾斯特和约翰·雅各布·艾斯特分别于 1893 年和 1897 年所建的两栋建筑、中间由走道衔接而成的"纽约华尔道夫和艾斯托里亚酒店"。1932 年因原址用作他途在现址重建。与圣瑞吉斯酒店最初用于社交接待的性质不同，华尔道夫一开始就是商务酒店，以奢华设施和服务招徕国宾、富商和名人名媛明星，在当时饭店业颇具影响，拥有"纽约社会中心"之誉，许多富翁权贵在里面设立了自己的"永久住所"。但与圣瑞吉斯酒店相同的是，华尔道夫作为独一酒店存续了近百年。无论是艾斯特家族持有时期，还是 1949 年被希尔顿收购、成为希尔顿酒店大家庭成员后的头 57 年里，都保持着其固有特色和独一性质。直到 2006 年后其品牌才被希尔顿用于复制开发。

当然，在单体饭店为主导的时期已有酒店集团出现。但那时的集团都规模不大，主要通过资产纽带维系。它们有的属非划一标准的个体饭店集合体［如始于 1906 年的 CIGA（意大利大酒店公司）集团及旗下的至尊精选酒店（Luxury Collection）］；有的虽提出了划一标准（如斯塔特勒集团。斯塔特勒因此被誉为酒店业标准化之父），但主要是在集团内部推行，推标的落脚点是优化成员酒店产品的结构、配置和服务，而非用作为发展和扩张的手段。

2. 标准模板规模复制为主导的发展期

20 世纪 50 年代后的欧美处于战后发展期，商务、休闲等各类旅行和大众对住宿的需求大增。饭店开发者应对市场快速增长，开始采取将成功酒店品牌做成标准模板进行批量复制的方式来实现连锁和大规模发展、扩张。这一做法起源于中端市场，典型代表是 20 世纪五六十年代美国的假日旅馆和六七十年代法国的诺福特旅馆。1952 年美国人凯蒙斯·威尔逊在一次窝囊旅行中感受到当时住宿设施和服务的落后，萌生了创建全新旅馆连锁的念头并立即付诸实施。他一口气设计建造了四个客房宽敞并带有卫生间、电视机等设施、价格极具竞争力的旅馆，打出了假日的品牌。之后又与合伙人华莱士·约翰逊一起，借公路网发展契机，以合伙和特许经营的方式，按划一标准将假日旅馆推到北美各地以至海外。面对日益增多的申请加盟者，他们售之以图纸，要求业主以此为基础设计建造，作为加盟的前提。到 70 年代假日已然成为全球最大的酒店联号。1967 年后，法国人保罗·杜布里和杰拉德·贝里松模仿假日旅馆的做法在法国成功推出诺富特连锁和宜必思连锁，并将其模板快速复制到欧洲其他国家。两人成为快速崛起的雅高集团的共同创始人和双总裁。

采用标准模板规模复制的好处：一是轻资产运作，便于集团（或连锁、联号）不受资产限制快速发展。二是易于公众认知，传扬品牌（人们只要看到它的标志，就知道它的客房、设施配置和服务，甚至格调、色彩等应该如何）。三是容易凝聚客户，培养忠诚粉丝。因此，既有利于酒店日常服务产品的销售（即酒店的经营），也有利于酒店品牌和管理的销售（即联号发展新成员）。因而半个多世纪以来被几乎所有主流集团和管理公司青睐，成为发展和扩张的主导方式；其使用范围不仅涉及酒店业的各分领域——经济型、中端、高端、奢华，还包括了服务公寓等住宿设施。直到目前，只要有可能，仍然是管理公司扩张的首选手段。

3. 关注个性特色差异需求的发展期

标准模板规模复制推动了饭店业的集团化连锁化，降低了发展成本，倍增了发展速度。然而在长期大规模实施之后也遇到许多问题和挑战。主要有：①市场可容规模复制的余地在日渐缩小。在有些一线区域标准复制酒店过分密集、几近饱和程度（如上海，已开业的假日酒店达 15 家，皇冠广场 9 家，万丽 7 家，万豪 5 家），进一步复制受到了市场空间的限制。②酒店集团（管理公司）提供给复制酒店的可用资源逐渐稀释（如中央预订系统输送给成员酒店的客源预订量随着新复制酒店的增加而被摊薄），由此引起了业主们的不满。③酒店集团（管理公司）的标准之间出现混血现象和趋同趋势。各集团（管理公司）推行的标准名称虽不同，但内容越来越大同小异。因而，随着酒店集团（管理公司）的增加和各集团（管理公司）旗下标准复制酒店的增加，酒店市场供应主体中的同质化比重日益加大。④酒店市场消费群体中出现审美疲劳。几年十几年住着标准划一、大差不差的酒店，难免滋生乏味、枯燥的感觉；想转换口味、追求新体验者日渐增多。

面临这些问题和挑战，酒店市场供应主体（包括开发商和运营商）不得不做出适应性转变或转型创新来解脱困境和继续发展。因而近年来出现了两类动向：一是开发商开始越来越多地关注、开发有别于标准复制酒店的项目。于是各种精品类、主题类、时尚类的酒店物业纷纷涌现。二是运营商（各酒店管理公司）开始调整自己的品牌策略来顺应市场需求的变化。于是各种有别于传统标准品牌的品牌不断出现。饭店业的发展从而迈入一个新的时期，即在标准基础上关注个性和特色发展的时期。

综上所述，百年饭店业发展基本上遵循了以单一属性饭店产生存续为主导到标准模板规模复制为主导，再进入到标准基础上寻求个体特色差异发展的轨迹。用哲学语言描述是体现了否定之否定的规律：先是个体出现、发展，然后是标准化复制，再到个性发展。但是后面那个个性发展跟一开始的个体发展是不同的，是在标准基础上的个性，更高层面上的个体的发展。这是第二个小点，从饭店业发展的轨迹来看个性发展的必要性。

（三）国际集团应对特色经营个性发展的做法和措施。

"春江水暖鸭先知。"最近几年，国际主流酒店集团和管理公司凭借其职业敏锐嗅出了市场需求的细微变化和初露端倪的趋势，在继续推行标准模板规模复制争夺大宗和普众市场份额的同时进行策略调整，设计出一些适应个性和特色发展的品牌契入小众和精众市场，以保持其在全球和地区竞争格局中的优势。它们的做法大致有：（1）推出时尚个性的品牌；（2）发展包容差异的品牌；（3）创立深度细分的品牌。

1. 推出时尚个性的品牌

这是指国际集团面对标准化背景下某些特定消费群体追求现代生活节奏、崇尚个性发挥和时尚翻新的需求而推出不同于其传统标准复制品牌的品牌。例如，喜达屋集团 1998 年推出的 W 品牌，凯悦集团 2007 年推出的安达仕品牌，都是属于个性时尚品牌。希尔顿集团 2014 年 10 月份刚刚公布的 Canopy by Hilton，也可归在这一类。

2. 发展包容差异的品牌

这是指国际集团面对各种特色和个性化物业的涌现，为竞争酒店管理市场份额，突破传统一个酒店品牌指代一类标准产品酒店的定式，推出可以包容各种全然不同个性特色酒店物业的品牌。换句话说，传统的一个酒店品牌就是一个标准模板，一类酒店产品，构成这个模板产品的各个"参数"（如设计风格、布局、客房面积、物品配置，甚至 logo 等）都是确定或量化的，是作为产品标准来执行的。不符合"参数"要求的酒店物业是不能贴这个品牌的。而这里所说的品牌已经不再是指代某类单一的酒店产品模板，而是可以广纳具有不同参数的酒店产品，只要它们是高端豪华的就可收入其中，因而具有高端豪华酒店集合体的性质，为此我们称之为包容差异的品牌，或 Collection 类品牌。

目前主流国际集团推出的包容差异类品牌主要有：

（1）喜达屋旗下的"豪华精选"（Luxury Collection）

关于"豪华精选"，我们需要展开加以说明。不仅因为它是首个 collection 类品牌，更主要是它完整经历了前述一个多世纪国际饭店业的三个发展期，其起伏遭遇恰好印证了三个发展期的要求和趋势，因而更能体现 collection 品牌的特征。

1906 年，CIGA（意大利大酒店公司）集团将旗下几个颇有特色堪称地标的酒店统一冠以 Luxury Collection，成为最初的至尊精选（现在译为豪华精选）酒店。80 多年中这一豪华酒店集合体一直在 CIGA 旗下发展，直到 1994 年被当时的喜达屋投资伙伴公司

（Starwood Investment Partner）收购。之后，由于母公司定位发生变化，以及变身为专业酒店集团后为顺应不同时期主流趋势而采取不同的发展策略，至尊精选遭遇了先抑后扬的曲折经历。

当时的美国，税法规定收入90%以上来自租金（而不是企业经营收入）、利润90%以上分给股东的不动产投资信托类公司（即REITs）可免缴利得税，REITs的股票市值快速飙升；趁机用飙升的股票收购不动产物业（包括写字楼酒店商业店铺等）成为当时REITs的盛行做法；少数REITs在收购不动产物业的同时成立"双股公司"（即股东与REITs同为一批人的公司）来兼营不动产物业的经营，以规避两个90%的规定。1995年，即喜达屋投资伙伴收购至尊精选后的第二年，它又在纽约证交所收购了一家负债的饭店业"双股公司"，注资将其更名为喜达屋膳宿公司（Starwood Lodging）。两年后，喜达屋膳宿公司用其飙升股票收购了威斯汀和ITT喜来登两大酒店连锁，成为羽毛渐丰的跨国公司。然而就在这一年美国出台了禁止与REITs关联的双股公司经营不动产的规定。喜达屋膳宿公司因而面临要么放弃手中的酒店经营业务，要么与REITs脱钩，改制为专业酒店集团的抉择。在这一背景下，喜达屋膳宿公司选择了后者。1998年，它在完成与威斯汀和ITT喜来登原业主交割的同时更名为"喜达屋酒店及度假酒店"，与喜达屋投资伙伴公司分离，成为一个业务中心为酒店业经营的跨国公司。

此时饭店业占主导的内生发展模式已是用标准模板快速复制来实施连锁和集团化，各主流酒店集团都已有一套品牌系列以适应在不同细分市场复制扩张的需要。转型后的喜达屋酒店及度假酒店要以专业酒店集团形象面世，就必须作顶层设计，梳理手中的酒店和品牌，列出孰高孰低的系列。于是在统筹衡量后，它从喜来登中拿出独善其身 90 年的豪华单一酒店圣瑞吉斯（此时中文开始翻作"瑞吉"）作为其顶端奢华品牌，下面依次排序为威斯汀、喜来登、福朋等。而至尊精选（Luxury Collection），尽管内含许多奢华酒店，但因其个性酒店集合体性质与喜达屋行将推行的标准模板规模复制路线有悖，没有被纳入重点推进，并在实际上被边缘化了。其中一些喜达屋认为符合瑞吉要求的酒店被拿出来放入瑞吉品牌中（如北京国际俱乐部由至尊精选改为瑞吉酒店）。

然而，10 年过去后形势发生了变化：一方面，瑞吉酒店在大力推进下发展很快，达到全球 50 多家（包括开业与行将开业）的规模，甚至有的一地就有 2~3 家。为保持其奢华顶端形象喜达屋不得不在地域数量上对其有所限制（如规定原则上只放一线城市且一个城市原则上只放一家）。另一方面，在个性差异化需求潮流驱动下越来越多的业主推出豪华且富有个性特色的酒店物业，喜达屋去竞标管理往往会面对一个纠结：用瑞吉或喜来登品牌参数对不上，用其他品牌业主不愿意，而放弃就可能被竞争对手拿走。此时，Collection 品牌是所能想到的最佳解决方案：它既不受地域数量的自我限制，又没有明确的具体参数规定，只要是高档奢华酒店就可以容纳进来收入囊中。于是至尊精选被喜达屋从冷板凳上召唤回来，加以包装（如把中文译名改为"豪华精选"等）后闪亮登场。与十年前把至尊精选酒店放入瑞吉品牌的做法相反，这一次是把"有差异的"瑞吉酒店放入豪华精选品牌（如上海瑞吉红塔大酒店 2011 年改为豪华精选酒店）。通过近几年的大力推进，豪华精选发展很快。全球目前开业的至少 79 家，待开的 22 家以上。中国开业的有 4 家，其中上海一地就有两家（红塔和衡山路 12 号）。

作为包含差异的品牌，豪华精选的 VI 标志构成与喜达屋其他标准品牌不同。其他每个品牌都是统一的 Logo，而豪华精选成员酒店的 Logo 是各异的，带有成员酒店自己的图形元素（见图）。

（2）万豪旗下的"傲途格精选"（Autograph Collection）

众所周知，万豪在执行和复制品牌标准方面向来以刚性、强势著称。但 2009 年后，它也开始推出包容差异的品牌，即傲途格精选（Autograph Collection）。按照万豪的官方解释，傲途格精选是万豪国际专有的独立酒店集合体（The Autograph Collection, Marriott International's exclusive portfolio of independent hotels）。2011 年，上海世博发展集团为世博会地块内的酒店项目招委托管理方时，万豪用"Autograph Collection"（当时还没有官方中文译名）来应聘。在场者都没听说过这个品牌，戏称万豪是想把这个项目做它秘密武器的试验场。半年后，上海外高桥森兰酒店项目开始接触管理方时，业主方来电核实万豪是否有个叫"傲途格"的品牌，当时我们联想到可能是这个 Autograph Collection 的中文译名。后来核实英文原名果然如此。"傲途格"起步虽晚，但发展很快。2009 年推出到现在已不少于 50 家。大部分在欧美，国内也已有签约。万豪圈内有人称它是"Soft Brand"。我们理解"Soft"这个词可以有两层解读来体现它目前的特质属性：一是相对于万豪其他"hard Brand"，即强势刚硬的品牌而言，它是有弹性、可伸缩、允许包容差异的；二是相对于万豪久经岁月周为人知的品牌，它还处于"soft opening"，即试运行性质。

跟豪华精选一样，傲途格精选旗下所有成员酒店的 Logo 都是不一样的（如图所示）。

"傲途格精选"各成员酒店的品牌logo也是各异的

（3）雅高的"美憬阁"（Mgallery）

"美憬阁"的英文名中没有直接使用 collection 这个词，而是用了 gallery，但雅高对它的官方解释就是 collection："Mgallery, a collection of unique hotels of remarkable character"；"The Collection of

Memorable Hotels by Accor"（雅高的令人难忘的酒店的集合体）。美憬阁发展也很快，共有 67 家，全球除了北美以外都有其项目。中国目前一家，在云南香格里拉县松赞林寺附近，叫松赞林卡。

（4）洲际旗下的"英迪格"（Indigo）

洲际集团品牌系列中没有直接挂"colletion"或"gallery"标签的，但它的英迪格品牌（Indigo）却实际具有包容个性和差异的性质。这是由于英迪格品牌巧妙规定了成员酒店要反映所在地的邻里文化（即本土文化），而因为各地邻里文化不同，酒店反映的内容也一定是不同的。这一条就确保了成员酒店不可能是千篇一律一个面孔。

（5）希尔顿的"CURIO - 希尔顿精选"

2014 年 6 月 3 日，希尔顿在美国弗吉尼亚州麦克莱恩市宣布推出全新品牌"Curio - 希尔顿精选"（Curio - a Collection by Hilton），以及该品牌的首批计划合作酒店。希尔顿全球总裁克里斯托弗·J.纳塞塔明确表示创建这一品牌的初衷是"基于单体酒店市场的规模以及全球范围内差异化酒店入住的需求"，"我们认为目前推出这一品牌可谓恰逢其时"。

这是国际集团应对差异发展的第二个调整策略——推出 collection 类品牌。

3. 推出深度细分的品牌

这是指国际集团为适应个性和差异发展开始在深度乃至极致细分市场基础上推出度身制作的品牌。国际集团如此操作是因为对市场细分的层次越深、被细分后的外延就越窄，度身制作的对应品牌就有可能做得更专（注）更精（细），其彰显特色摆脱同质阴影的作用就越大。如洲际集团 2012 年研究中国市场后开发的 Hualuxe（华邑），以深度体现中华传统文化为特色而显著区别于其他同档级国际品牌，一面世就签约了 20 个项目。不仅在中国市场上为洲际集团缓解了因皇冠假日等品牌密度增加而形成的进一步发展瓶颈阻力，而且在国外华人社界中产生共鸣，形成具诱惑力的潜在市场。凯悦集团 2013 年秋季对全包休闲度假需求市场进行再细分后推出了 Zilara 和 Ziva 两个品牌，前者为成人全包休闲度假需求定制，后者则为家庭全包休闲度假需求设计，可见其品牌细分已到极致程度。这两个品牌的酒店已在墨西哥和加勒比地区落地，将逐渐推广到全球。

这是第一个问题——特色经营差异发展是酒店业发展到现阶段的一个趋势，讲特色差异发展的必要性和必然性。

二、特色经营差异发展的多层演绎和多维结合

特色经营和差异发展没有定势。企业需根据项目所处阶段、自身实施条件和周边市场环境，因时因地因项目制宜来研究、策划、设计和创新。

从业内近年实践看，开发商或经营者可选择从酒店的如下层面来演绎个性、特色和差异：

（一）建筑外形结构层面

酒店物业外形是第一时间进入客人眼帘的映像。独特外形不仅可以给住店客人造成视觉冲击，而且可以广泛吸引路人、游客、本地居民乃至国内外业界的眼球和关注，为酒店形成潜在市场。因而有条件的企业往往首先考虑在外形上跳出一般设计，以求赋予酒店不同程度的魅力、神秘感和诱惑力（如上海衡山路 12 号酒店）；甚至争取做到极致，成为更大范围的地标建筑，起旅游度假目的地资源作用（如湖州月亮酒店）。建筑外形标新立异的限制性前提是必须

在项目筹建初始就有立意并依此完成总体的设计定型；此外，由于设计与建设成本高，开发商要有雄厚实力。

（二）主题与文化层面

相对于建筑外形，在主题与文化层面实施差异的可能性条件要宽泛一些。就时间段而言，它除了可以在项目的筹划阶段实施外，也可以在酒店中期阶段通过改造完成，如上海中星大酒店，原是一家挂牌标准三星级酒店。2011年君亭集团租赁后重新装修，改造成有浓厚东南亚文化氛围的中档精品酒店。2013年全年出租率做到82%，平均房价550元；特定条件下，还可以在经营过程中逐步实现，如上海银星皇冠假日酒店是1991年开业、有20多年历史的国际品牌商务酒店。2009年后，利用业主上海电影集团的条件，添加了大量有关电影发展历史、拍摄制作过程、明星成长及国内外经典作品等方面的元素，逐渐凸显出其电影文化的特色，从而摆脱了一般国际品牌商务酒店同质化的困扰。近几年几乎包揽了上海的专业市场，如每年的国际电影节、国际艺术节、国际音乐节等文化节庆活动都将其作为官方接待饭店。

（三）局部服务设施层面

有时候酒店在结构外形受限不宜做奇异化设计或调整，整体的主题文化塑造也有难度的情况下，通过局部的服务设施来显示特色，给顾客某个方面与众不同的体验产品，也是不错的选择。这些展示差异的服务设施可以是制作核心产品的客房（如上海宝御酒店臻辉客房、扬子饭店雅艺客房、绅公馆客房等），也可以是第一道面客的前厅（如贝轩大公馆前台），或者是其他带给顾客异样体验的配套设施（如上海绅公馆游泳池等）。好的服务设施同样可以起到扩大酒店影响，弘扬口碑的作用。例如，北京东方君悦酒店的地下层有一个模仿热带雨林环境的游泳池，水池周围有热带树草，顶部酷似天空并交替着各种时间或气候的变化，时而阳光灿烂，时而星夜寂静，时而霹雷闪电、周边还有虫鸣鸟叫。2003 年本人以国家级星评员身份参与该酒店的五星级评定，第一眼看到这个游泳池就有置身亚马孙河流域度假村的感觉。十一年过去后，对酒店其他设施逐渐淡忘，但游泳池仍历历在目。凡与同事朋友聊天涉及东方君悦，话题都会转到它的游泳池上。

（四）服务环节层面

特色和差异的发展，除了从项目的宏观和中观角度考虑以外，也可以从面客服务的环节等相对微观层面来演绎创新，同样可以收到与众不同的效果。例如，上海安达仕酒店在 Check-in 区域的设计中，用两张单独摆放因而客人可在中间穿行的方桌替代将工作人员与客人隔成里外两个空间的传统长条柜台，并在边上设置了酒吧。客人 Check-in 时可直接到工作人员身边零距离沟通和办理手续，而等待的客人则可以坐在酒吧休息喝饮料，由员工在完成前一个手续后主动拿着 iPad 过来办理，无须客人再起身过去。这个服务环节的创新既拉近了员工与客人的距离和感情，又避免了一般商务区酒店高峰时段客人需排队等待的麻烦。又如，×× 酒店在自助餐菜品服务的细微环节上有其与众不同的特点：除了在每个餐台下配置炉温控制按钮以保持菜品温度外，还在每个菜品的菜名牌上加注该菜营养成分，以满足现代生活讲求健康饮食的需求。

特色经营和差异发展不仅可以从酒店项目多个层面来演绎产品的与众不同，还可以从酒店经营等维面考虑创新，达到管理模式特色化，营销手段特色化等。诚然，管理模式特色化和营销手段特色化不等同于产品特色化，不能直接拿出去销售。但它与各个层面的特色创新结合，可以优化产品特色化的过程、扩大产品特色化的影响，起放大产品特色差异效果的乘数作用。以××宾馆差异化酒店产品与创新营销手段结合为例。该店为摆脱同质化困扰，决定塑造以食疗为重点的养生文化形象。他们一方面重整餐厅布局，辟出养生餐区，提供颇受顾客欢迎的小米山药粥等主辅食和其他康健菜品；另一方面在网站上开辟养生主题论坛，请专家系统讲述养生理念、介绍健身食品，吸引网民进入论坛沟通互动，培育以健康养生为需求的潜在市场。久而久之形成一群论坛忠实粉丝。其中许多人觉得这家酒店有品位，多次反复入住来体验食品养生之道。这是第二个问题，特色经营差异发展的多层展现和多维结合。

三、成功实施特色经营差异发展的原则

成功实施特色经营差异发展需坚持以下原则：

（一）市场导向原则

"市场导向原则"的具体含义是：特色经营差异发展的原动力应来自市场，特色差异产品的价值实现取决于市场的接受程度，其生命周期也要以市场为转移。因而，开发者和经营者在筹划和实施特色差异项目时应当注意：

1. 项目立项或产品定型要以市场存在相应需求（哪怕是潜在或小众需求）为依据。没有需求依据的项目或产品必定是失败的，需求依据不足的项目或产品成功概率不多，只有需求依据强盛的项目或产品成功可能性才最大。为此，在事前决策阶段要充分调研与合理分析，选取现实（或潜在）需求量最大化的方案。以某酒店改造部分结构性无窗暗房为例，事前有两种意见：一是主张将无窗暗房与相邻有窗房打通成套房，既可遮掩暗房缺陷，又可按套房挂售较

高价格。二是主张保持客房隔断布局不变，将暗房做成日式客房，也可起到遮掩缺陷的作用。酒店做了专门市场调研后认为，暗房做成套房理论上可以挂卖更高价格，但市场实际需求量不足，周围各酒店套房卖出去的概率不大，大都用作为客户免费升级，看起来被使用了，实际只是替代了被预订的标准房，其拖出租率后腿的性质没有变。而酒店地处商圈中不乏一些与日本有往来业务的公司，希望就近有日式服务的中档高端商务酒店，以满足其接待客户层次的需要。这一貌似小众的需求量虽不大，但做好了可以口碑外传，引来更多的客户。因而决定采取将暗房较多的楼层改造成日式客房的方案。这一改造项目使酒店跳出了同质圈，不仅吸引到一批较为稳定的日本客源，而且特色楼层无窗房的实际销售价高于本店的一般房价和周边酒店的平均房价。

2. 项目产品销售定价不仅要考虑市场是否具有所期望的支付能力，而且要考虑不同条件下实际支付能力的变化。特色项目或产品的价值通过市场的购买来实现，而市场的实际购买力和购买习惯不是一成不变的。为此销售价格和营销模式要随市场消费能力和消费模式的变化而适时调整，方能保持收益（或项目价值实现）的相对最大化。

3. 项目产品的存续要以市场效益与机会成本为转移。上海88新天地酒店诞生于20世纪90年代末亚洲金融危机后新一轮酒店发展之初。业主以领先市场的眼光设计建造了这家54间客房的精品酒店，配置全方位精细管家服务。十几年来，酒店以其特色创造了一流的经营业绩：常年出租率保持在75%以上，平均房价逾2000元。然而2014年5月酒店却关门停业，目前正在装修为商业店铺。原因是近年来各项经营成本，尤其是人工成本快速上升，酒店为了保持以其为特色的全方位精细管家服务，使用了比重超过平均水平一倍的人力成本。因而尽管经营业绩因它而光鲜，但业主的实际收益却非常有限。相比之下，在新天地商业环境中，同样面积物业的商业店铺带来的租金收益要高得多。于是在比较市场效益和机会成本后，业主选择了转型改造。

（二）标准底线原则

特色经营差异发展可以不限于已有的套路和定式，但这不意味在制定方案和实际操作中可以无所顾忌，甚至乱来一气。相反，成功的特色产品和差异塑造，在大胆创新的同时，是需要有所顾忌、有所遵循的，是有底线需要把握的。

首先，国家法规和政府部门关于住宿业消防安全、治安管理、卫生防疫、食品安全、环境保护等方面的强制性要求、标准和规定，是酒店和所有住宿企业赖以合法存在、正常经营、健康发展所必须达到的，是酒店住宿业的"普世标准"，也是特色经营差异发展的底线。进行去同质化的创新改造，这个底线不能触碰，否则不可能成功。2011 年，有人引进日本模式，在上海闸北区开了一家"希泰胶囊旅馆"。一时曾舆论轰动，许多媒体视它为住宿业的一个"新亮点"。作为"特色""创新"，这家旅馆不能说没有新意，也不能说没有市场，但仅仅存在了两三个月就销声匿迹。其原因是设计建造中没有顾及消防和治安的要求，又没有切实可行的整改方案，触犯了住宿业"普世标准"的底线。

其次，住宿业还有一些定位标准，如星级标准、主题或文化酒店方面的标准等。定位标准属于推荐类、可选择的标准，不具有普遍强制性，它们对酒店的约束力取决于酒店对自身的定位。如果酒店自身定位是经济型旅馆，它可以选择不执行星级标准；但如酒店定位是星级饭店，那么星级标准对它就有约束力，其中相应的必备条件对它就有强制性。同样，一家星级饭店在去同质化创新改造中如要继续保留星级饭店的定位，那么星级标准就是它必须维持的不可缺失的底线。

最后，推荐类定位标准与强制类"普世标准"的关系是：后者是前者的基础，前者是在满足后者前提下的提高。因此，为满足定位标准所做的项目，或在高定位基础上所做的特色化努力，应以不违背"普世标准"的具体要求为原则。然而在实际操作中经常会有用于满足定位标准的特色项目与"普世标准"的具体要求发生矛盾的情况。这时候需切记应将"普世标准"的要求放在前面。如××××大酒店的中庭是一泓池水，周边围绕有绿色树草和假山小石，形成独具特色的景观。为满足五星级的分数要求，酒店将其定为室内游泳池。2011年笔者作为国家级星评员在评定性复核检查中，发现它作为游泳池缺乏强制消毒池（即泳客更衣后下水前须裸足趟过盛有消毒液的小水池，这是游泳池卫生防疫的必备设施），而周围又不具备改造增设的条件。因此建议酒店如无法完成整改，不如取消中庭水池的游泳池定位（游泳池并非五星级酒店的必备条件，只是得分项目），恢复其景观功能，这样反而更有特色。两者之间的分数差再设法从其他方面补回。

（三）关注宾客体验和舒适度原则

特色经营差异发展获得成功，还须坚持关注宾客体验和舒适度的原则。开发商（或业主、经营者）在项目（或产品）设计与实施过程中切不可以自我感觉为中心，任性发挥，想到哪儿搞到哪儿；而是要以宾客为本，时刻关注宾客感受，将特色创新的落脚点放在丰富宾客的正面体验和增进舒适度上。我们以两个酒店标新立异的不同效果来加以说明：

某地的 ×× 大酒店，其外形为 41.6 米高的福禄寿彩色神像。开发商自夸为"形象逼真、造型独特、气势恢宏"，是"世界最大具有使用功能的像型建筑"，并申报入载了"世界吉尼斯大全"。可这家"独具特色"酒店在网上却负评累累，除了其建筑被批评为"变态、庸俗、使人哭笑不得"外，还有大量宾客住店后的负面体验与感受，如"夜晚走近酒店感到有点恐怖"，"白天发现窗外包了一层壳儿，射不进多少阳光，只能从花纹镂空部分看见一些天光"，"客房采光不好觉得很害怕"，"心里忐忑不安：住在神仙肚子里会不会对神灵不敬"等。酒店实际经营情况很差，经常只有一两间客房售出。许多人出于好奇入住一次就再也不来了。酒店在同行中缺乏竞争力：附近开会的客人宁愿舍近求远到较远的其他酒店入住；甚至对面一家稍低档次的酒店也没有将它放在眼里作为竞争对手，无论客房数量还是价格，都比它更具优势。之所以如此，究其原因是开发商和设计者自以为是，未考虑公众的心理承受力和住店客人的体验感受。在经营中又未采取有效补救措施营造正面体验的环境，忽视了客人对舒适度的要求。

另一家标奇立异酒店位于上海南外滩，其所在建筑原本是 20 世纪 30 年代的仓库，日本人占领时期被用作军队的指挥部。开发商在改造其为酒店的过程中修旧如旧，保持了原库房的破旧外貌，甚至未用涂料刷新。大堂内壁斑驳陆离，混凝土柱子裸露出钢筋。餐厅使用的是貌似未经精细加工的长条桌凳。但客房部分则宽敞明亮，没有破旧痕迹，布草柔软舒适、床上用品高档，每间客房都带有独特的窗外风景。酒店经营状况非常好，全年出租率在 80% 以上，平均房价做到 1700 元。一个貌似破旧的酒店为什么能取得如此业绩？

关键是核心产品（即客房部分）过硬，有高度舒适性；注重客人体验，为之提供独特享受。正是有这核心产品的垫底和对客人体验的保障，"破旧外表"这一通常给人负面印象的因素被转换成了引发客人好奇心，进而来入住酒店并探窥旧上海建筑遗址的正面体验的一部分。可见，"标奇"只有与客人的舒适感受和体验结合，才能真正起到"立异"作用。

责任编辑：陈　冰
责任印制：冯冬青
封面设计：八度出版服务机构

图书在版编目（ＣＩＰ）数据

酒店市场分析与行业管理 / 陈雪羽著 . -- 北京 ：
中国旅游出版社， 2019.11（2019.11 重印）
ISBN 978-7-5032-6366-8

Ⅰ．①酒… Ⅱ．①陈… Ⅲ．①饭店业－市场分析②饭
店业－行业管理 Ⅳ．① F719.2

中国版本图书馆 CIP 数据核字（2019）第 211991 号

书　　　名：酒店市场分析与行业管理

作　　　者：陈雪羽著
出版发行：中国旅游出版社
　　　　　　（北京建国门内大街甲 9 号　　邮编：100005）
　　　　　　http://www.cttp.net.cn　　E-mail:cttp@mct.gov.cn
　　　　　　营销中心电话：010-85166536
排　　　版：北京旅教文化传播有限公司
经　　　销：全国各地新华书店
印　　　刷：北京工商事务印刷有限公司
版　　　次：2019 年 11 月第 1 版　　2019 年 11 月第 2 次印刷
开　　　本：710 毫米 ×1000 毫米　　1/16
印　　　张：15.25
字　　　数：250 千
定　　　价：48.00 元
Ｉ Ｓ Ｂ Ｎ　　978-7-5032-6366-8
